Eine von den Unbezwungenen

Weg und Kampf der Gladys Aylward

Nach ihrem eigenen Bericht

erzählt von

R. O. LATHAM

R. Brockhaus Verlag Wuppertal

R. Brockhaus Taschenbücher Bd. 816

Die englische Originalausgabe erschien unter dem Titel:
Gladys Aylward, One of the Undefeated
im Verlag Edinburgh House Press, London.
Neubearbeitung der Übersetzung von E. Zimmermann

18. Taschenbuchauflage 1987
113.–117. Tausend

Umschlaggestaltung: Carsten Buschke, Leichlingen 2
Umschlagfoto: Archiv Dr. Karkosch, Gilching/München
Gesamtherstellung: Breklumer Druckerei Manfred Siegel KG
ISBN 3-417-20816-5

»Dort unten am Markt liegt eine Frau auf der Straße! Eine alte Frau. Die Leute sagen, sie bete, aber ich glaube, sie ist tot.«

Die Bewohner von Hsing P'ing, einem kleinen chinesischen Flecken, liefen aufgeregt zusammen.

»Wer ist sie, Li-fu?« fragte die Missionarin, die gerade über den Markt kam. Sie sah die Leute zusammenstehen. Sie schienen ziemlich ratlos zu sein; denn sie redeten und redeten und keiner schien sich aufraffen zu können, das kleine bewußtlose Bündel Mensch da auf der Straße aus dem Weg zu räumen.

»Sie ist fremd. Kein Mensch kennt sie. Sie muß eben angekommen sein. Sie sang auf der Straße, und mitten im Lied brach sie zusammen.«

»Bringt sie zu mir! Besorgt schnell einen Ochsenkarren! Sie ist wirklich todkrank.«

Die Missionarin hatte sich zu ihr niedergehockt. Sie sah in ein altes Frauengesicht. Alt und doch nicht alt. Mit tiefen Spuren des Leids und vieler Entbehrung. Die Frau schien völlig erschöpft zu sein. Die Leute von Hsing P'ing hoben den leichten Körper behutsam auf den Karren. Den führte Li-fu hinter der Missionarin her. Die anderen machten sich auf den Weg, auf dem sie eben aufgehalten worden waren: zum Händler, auf die Felder oder zu den Kindern nach Hause. Sie gingen mit dem guten Gefühl, die Fremde in der Obhut der Missionare zu wissen und sie dort ihrem Schicksal überlassen zu können.

Wer war diese kleine Europäerin in chinesischen Kleidern? Wenn sie nun starb, kein Mensch würde es je erfahren. Sie war bewußtlos. Sterbenselend lag sie da, in hohem Fieber.

Nach zwei Tagen rief die Missionarin von der Amerikanisch-Skandinavischen Missionsgesellschaft, die in Hsing-P'ing eine kleine Station unterhielt, in Sian an. Sie bat einen Arzt des Baptistischen Missionskrankenhauses um Hilfe.

Er kam sofort und untersuchte die Fremde. »Es besteht wenig Hoffnung«, sagte er. »Sie hat Lungenentzündung und Malaria. Dazu kommt Typhus. Die ersten Flecken habe ich gesehen. Haben Sie keine Ahnung, wer sie ist?«

»Nicht die geringste.« Die Amerikanerin sah auf die Kranke herunter, als wartete sie jeden Augenblick darauf, daß sie endlich aus ihrer Bewußtlosigkeit erwachte. »Sie hat, seit sie hier ist, noch keine Silbe gesprochen. Und es kennt sie kein Mensch hier in Hsing-P'ing.«

Der Arzt überlegte.

Er hatte die Kranke gründlich untersucht. Sie mußte Unsägliches gelitten haben. Er hatte auch eine innere Verletzung festgestellt, die vielleicht von einem unglücklichen Fall oder gar von Mißhandlung herrührte. Hunger und übermäßige Antrengungen müssen ihren Körper gegen den Typhus wehrlos gemacht haben. Wie sollte sie ihn überstehen?

Wieder wurde sie vom aufsteigenden Fieber geschüttelt.

»Wir müssen versuchen, sie ins Hospital zu bringen.«

Der Arzt sprach langsam. Sian war weit. Er zweifelte keinen Augenblick daran, daß die Fahrt mit dem Ochsenkarren der sichere Tod der Kranken wäre. Mit der Bahn —

»Wir müssen mit der Bahnverwaltung sprechen. Wenn sie einen Viehwagen an den Mitternachtszug hängen, können wir sie im Bett reisen lassen, das wäre das Beste. Vielleicht ist ihr Leben zu retten, wenn wir sie im Hospital behandeln können. Die Bahnbeamten werden uns beim Transport sicher helfen.«

Das Gespräch mit der Bahnverwaltung übernahm der Arzt selbst. Irgendwo war ein Funke Hoffnung in ihm wach geworden, dieses verlöschende Leben zu retten. Und er wünschte sehr, daß es gerettet würde.

Was muß diese Frau erlebt haben! dachte er immer wieder; was wollte sie allein in Hsing-P'ing, und: Wer ist sie?

Die Herren der Bahnverwaltung sagten ihre Hilfe zu, Freunde des Missionshauses richteten das Bett für den Transport, und vier machten sich für die Fahrt fertig. Sie sollten das Bett unterwegs halten.

Ein leichtes, schwebendes Bett im Sonderwagen nach Sian. Darauf lag die kleine Frau, im Begriff, still und ohne viel Umstände aus dieser Welt zu gehen, ohne auch nur eine Andeutung über Namen und Herkunft zurückzulassen.

Das Experiment des Arztes gelang. Die Kranke überstand den Transport. Sie war zwar noch immer bewußtlos, in einen totenähnlichen Schlaf gefallen. Aber sie lebte.

In Sian kämpfte man um dieses Leben.

Das Fieber kam und ging. Es schnellte plötzlich in die Höhe. Da — spricht sie nicht? Sie singt! Sie betet — dann hält sie eine Predigt, Bruchstücke sind zu verstehen, es muß die Geschichte vom verlorenen Sohn sein — . Sie sprach chinesisch, doch keiner konnte es richtig verstehen. Dann fiel sie wieder in tiefe Bewußtlosigkeit.

»Nach menschlichem Ermessen müßte sie tot sein«, sagte der Arzt, als wieder abgerissene Fetzen in einem seltsamen Chinesisch kleine Stücke ihrer Fieberphantasien preisgaben.

Langsam sank das Fieber. Ein paar gute Medikamente wirkten, und der Arzt durfte Tag für Tag ein wenig Erleichterung feststellen.

Sie wurde liebevoll und sehr sorgfältig gepflegt. Freunde der Mission besuchten sie. Auch der chinesische Pastor besuchte sie. Lange saß er bei ihr. Als der Arzt ihn fragte, ob er etwas aus ihr herausbekommen habe, konnte er keine sehr aufschlußreiche Antwort geben: »Sehr wenig«, sagte er nur, sie ist viel zu schwach, Fragen zu beantworten. Und ihr Dialekt ist schwer zu verstehen. Wenn einer aus den nördlichen Provinzen käme, könnte er uns vielleicht helfen.«

Sie sprach den breiten Dialekt des nördlichen Berglands.

Einen Monat später kam Mister Fu, und er erkannte sie: Ai-weh-deh, die Evangelistin aus Yang Cheng im Norden Chinas.

Ai-weh-deh — die Schale der Tugend.

»Aber was wollte sie denn hier in Sian! Es sind doch vom Norden hunderte von Meilen bis hierhin!« fragte der Pastor.

»Sie hat aus dem japanisch besetzten Gebiet Kinder in Sicherheit gebracht. Über die Berge ist sie mit ihnen heruntergekommen.«

»Über die Berge!?« Der Pastor sah ein wenig ungläubig zu Herrn Fu hinüber. Über die Berge — wer kann denn über die Berge von Yang Cheng hier herunterkommen! Dort sind doch die Japaner — und mit Kindern! »Wissen Sie Näheres über diese Frau?«

»Nein. Ich kenne nur ihren chinesischen Namen Ai-weh-deh.

Aber ein Junge, den sie aus Yang Cheng mitbrachte,

hat ein englisches Buch. Das gehört ihr. Vielleicht steht etwas darin, das uns mehr Aufschluß gibt.«

Sie fanden den Jungen, und bei ihm fanden sie auch das Buch. Auf dem ersten Blatt standen die Worte:

Gladys von Tante Bessie.

Das Buch war eine Art Tagebuch.

Ich muss nach China gehen!

»Der nächste Fall, den wir hier zu besprechen haben, ist Miss Gladys Aylward. Sie erinnern sich, meine Damen und Herren! Sie ist das Hausmädchen, dem wir drei Monate Probezeit in unserem Seminar zugebilligt haben. Sie will nach China gehen. Ihre Zeugnisse zeigen jedoch, daß sie es zu keinerlei Fortschritten in ihren Studien gebracht hat. Ihre Schulbildung ist äußerst dürftig, und ihre Erfahrungen als Christ sind begrenzt. Aus den mir vorliegenden Unterlagen geht hervor, daß sie in Edmonton eine Sonntagsschule besucht hat, bis zum 14. Lebensjahr. Aber in den nächsten zwölf Jahren scheint sie kaum einen Gottesdienst besucht zu haben. Sie arbeitete am Belgraver Platz, und in ihrer freien Zeit erfreute sie sich eines leichten Lebens. Wie sie selbst zugibt, rauchte sie, tanzte, interessierte sich für das Spiel, und abends ging sie in Begleitung verschiedener junger Männer ins Theater. Das alles entsprach ihrer Vorstellung vom Leben.«

Der Leiter des Missionsseminars der China-Inland-Mission trug diese für einen Anwärter des Missionsdienstes nicht gerade rühmlichen Tatsachen seinen Kollegen vor. Das Komitee hatte über einige Aufnahmen ins Seminar und damit in den Missionsdienst ihrer Gesellschaft zu entscheiden und hörte sich geduldig auch diesen Fall »Gladys Aylward« noch an, über den allerdings auch noch andere Dinge zu berichten waren. Der Seminarleiter fuhr darum fort:

»Sie bekehrte sich während einer Evangelisationswoche in Kensington. Zweifellos war diese Bekehrung echt, denn sie veränderte ihr Leben von Grund auf. Miss Aylward schloß sich sofort der christlichen Jugendbewegung an, und beim Lesen einer ihrer Zeitschriften stellte sie fest, daß in China zweihundert Missionare fehlen. Und dies, so sagt sie, ginge sie an. Daraufhin kam sie zu uns.«

Der Redner hielt eine kurze Zeit inne. Die Gesichter um ihn herum ließen nicht gerade ein überaus großes Interesse erkennen. Wie viele, die gerade mit ihrem Christenleben anfingen, fühlten sich in den Missionsdienst berufen; und welche Mühe machte es immer wieder, ihnen klarzumachen, daß die Voraussetzungen, die sie mitbrachten, nicht genügten. Im Gegenteil, oft zeigte sich, daß solche Antragsteller sich für alle möglichen christlichen Dienste besser eigneten als für die Außenmission.

So hatten sie auch nichts anderes zum Schluß der Rede ihres Vorsitzenden erwartet als das, was nun folgte:

»Trotzdem muß ich Ihnen empfehlen — und ich tue dies mit herzlichem Bedauern —, den Antrag der Miss Aylward abzulehnen. Ich zweifle nicht daran, daß sie einen Ruf hat, Gott zu dienen. Sie ist aufrichtig und hat den notwendigen Eifer. Aber wir können es nicht verantworten, eine Frau von achtundzwanzig Jahren, die über ein so geringes Maß an christlicher Erfahrung verfügt, von ihrer Erziehung ganz zu schweigen, nach China auszusenden. — Haben die Damen und Herren eine Frage zu stellen, oder etwas einzuwenden?« Nein, sie hatten nichts zu fragen und nichts einzuwenden. Sie waren alle der gleichen Meinung wie der Vorsitzende. Sie murmelten Zustimmung zu seinen Ausführungen und ließen Gladys Aylward in das Sitzungszimmer rufen.

Sie war klein und sehr schmal. Ihr dunkles Haar war in der Mitte gescheitelt und im Nacken in einen Knoten geschlungen. Ein flüchtiges Lächeln und lebhafte Augen erhellten ihre Züge, und die Mitglieder des Komitees konnten sich die kleine schwarzgekleidete Frau gut als ein höfliches und munteres Londoner Hausmädchen vorstellen.

Der Vorsitzende bat sie, sich zu setzen. Dann räusperte er sich und begann:

»Wir sind sehr an Ihnen interessiert, Miss Aylward. Und wir glauben mit Ihnen, daß Gott Sie gerufen hat, ihm zu dienen. Ob dies aber gerade in China sein soll, können wir nicht beurteilen. Während der drei Monate, die Sie in unserem Hause zubrachten, haben wir Sie nun kennengelernt, und wir sind zu der Überzeugung gekommen, daß wir die Verantwortung, Sie nach China zu senden, wegen Ihres Alters und Ihrer in Verbindung damit unzureichenden Ausbildung nicht übernehmen können. Die chinesische Sprache ist die denkbar schwerste. Wir würden Ihnen keinen guten Dienst erweisen, wenn wir Ihnen neben den übrigen Missionsfächern dieses Sprachstudium zumuteten. Es tut uns sehr leid, aber wir können Ihrem Wunsche leider nicht nachkommen.«

Darauf war nichts zu erwidern. Gladys Aylward hätte auch beim besten Willen jetzt nichts sagen können. Sie konnte im Augenblick nicht denken. Still verließ sie das Zimmer. Ihr Schritt war müde und ein wenig unsicher.

Der Vorsitzende folgte ihr und nahm sie mit in sein Büro.

»Was haben Sie jetzt vor, Miss Aylward?«

»Ich weiß es nicht«, antwortete sie. »Ich weiß nur eins, nämlich, daß Gott mich nicht weiter Hausmädchen sein lassen will. Er will, daß ich etwas für ihn tue, und nichts weiter für mich.«

Die Festigkeit der schmalen Frau hatte ihn schon öfter nachdenklich gemacht. Er wußte nicht, ob diese Festigkeit zu ihrem Charakter gehörte oder aber Ausdruck jener Berufung war, von der sie gesprochen hatte.

»Ich mache Ihnen einen Vorschlag, Miss Aylward: zwei alte Missionarinnen, die von Übersee zurückgekehrt sind, baten mich um Hilfe. Sie sind sehr alt und auch recht schwach; sie brauchen jemanden, der ihnen den Haushalt führt. Würden Sie diese beiden alten Damen vielleicht versorgen, bis Sie eine geeignetere Aufgabe gefunden haben?«

In die verzagte Gladys kam Leben.

»Wo wohnen sie?« fragte sie, und dabei erwärmte sie sich schon für diese Zwischenlösung, die ihr guten Rat und vielleicht auch Weiterhilfe verhieß.

»In Bristol. Glauben Sie, daß dies eine vorläufige Aufgabe für Sie wäre?«

»O ja, ich gehe! Und ich danke Ihnen herzlich für diese Freundlichkeit. Und auch für alle Hilfe, die ich hier bei Ihnen erfahren habe. Es tut mir sehr leid, daß ich nicht eine von Ihren Missionarinnen sein kann. Aber Gott wird wissen, warum.

Ich weiß, ich bin kein guter Schüler gewesen. Oft wollte einfach nichts in meinen Kopf. Aber ich habe bei Ihnen beten gelernt. Und das konnte ich vorher nicht. Dafür werde ich Ihnen mein Leben lang dankbar sein!«

Bristol war eine gute Schule für Gladys.

Sie betreute die alten Damen und bewunderte ihren einfältigen Glauben. Wohl hatte sie schon von solchem Glauben gehört, und in den Büchern, die sie las, begegnete er ihr immer wieder. Aber noch nie hatte sie jemanden getroffen, der so kindlich und bedingungslos auf Gott vertraute wie diese beiden Missionarinnen. Sie durfte sich ihren gemeinsamen Gebeten anschließen, und dabei erfuhr sie, Tag für Tag deutlicher, daß die beiden Frauen Gott zu ihrem persönlichen Freund hatten und daß sie in allen Dingen nach ihm fragten und mit ihm lebten.

Sie erzählten ihr auch aus ihrer missionarischen Arbeit. Von ihrem Leben in fremden Ländern, von den tausend Schwierigkeiten mit den so ganz anders denkenden und oft unbegreiflich reagierenden Menschen dort, und von ihren Erfahrungen mit Gott.

»Gott läßt dich niemals liegen«, sagten sie, »wen er aussendet, den führt er, und für den sorgt er auch. Und wenn er dein Gebet auch einmal nicht so erhört, wie du das gern hättest und erwartest, so hört er doch. Er hat noch nie eines unserer Gebete ungehört gelassen, auch wenn wir seine Antwort nicht immer gleich erkannten.«

»Und ich«, konnte Gladys dann fragen, »was wird aus mir? Woran soll ich erkennen, ob ich nach China gehen soll oder hier in Bristol bleiben?«

Auch diese ihre brennendste Frage, die sie so oft, wenn sie abends allein war, entmutigte und ihr Gebet ungeduldig und drängend machte, konnte die beiden alten Frauen nicht beunruhigen. »Er wird es dir zu seiner Zeit schon sagen. Bete nur weiter, und sei wachsam!«

Doch Gladys war noch nie sehr geduldig gewesen. Sie war von ihrer Aufgabe so erfüllt, daß sie den Spieß umdrehte und betete:

»Gott, du hast mich doch nach China berufen, nicht wahr? Warum lassen mich denn die Menschen nicht gehen? Wie kannst du ihnen denn jetzt erlauben, mich zu hindern. Sie haben ja recht, mir fehlt eine Menge von dem, was man zum richtigen Missionsdienst mitbringen muß. Aber warum hast du mich dann gerufen, Gott. Das hast du doch gewußt! Und warum stellst du mich hier ab? Warum?«

Die alten Missionarinnen sahen, was in Gladys vorging. Wie schwer es ihr wurde, diesen Zwiespalt zu ertragen, in den sie ihre tiefe Überzeugung, für China bestimmt zu sein, riß, da sie doch noch immer, und zwar für unbestimmte Zeit, Hausmädchen in der Heimat war. Sie ermunterten sie immer wieder zum Ausharren, sie trösteten sie und forderten sie auf, nur weiterhin in Geduld Gott zu vertrauen. Er würde ihr schon die Wege ebnen, wenn er die Zeit für gekommen hielt.

»Aber ich muß etwas tun«, pflegte Gladys darauf zu antworten. »Er will bestimmt, daß ich etwas für ihn tue!«

Um diese Zeit wurde in Swansea, einer kleinen englischen Hafenstadt, eine Schwester für das Rettungswerk gesucht. Gladys hörte davon und war sofort entschlossen, diesen Dienst zu übernehmen. Sie dachte, dieser Schritt bringe sie wiederum ein kleines Stück Wegs weiter.

Sie kündigte ihren Dienst bei den Missionarinnen auf und bezog ein kleines Zimmer, das die »Mitternachtsmission« ihr zur Verfügung stellte. Nun ging sie Nacht für Nacht hinaus an die Docks zu den Frauen, die dort herumstanden, und sprach mit ihnen von Jesus.

Ihr Herz war voller Liebe zu diesen Verrufenen. Sie fand sie in allen Altersklassen und in allen Stadien des seelischen und körperlichen Verfalls. Sie selbst war schmal und sehr klein, und wirkte fast kindlich in ihrem dunklen Mantel, der sie gegen die feuchte Nachtluft schützen mußte. Und die älteren Frauen, die schon Jahr um Jahr an den Docks standen, lächelten zuerst auf sie herunter, wenn sie auf sie zukam und sie ins Gespräch zog. Leichter war es für sie, die jüngeren anzusprechen.

Sie fand sie überall. In den dunklen Straßen, in denen das gelbe Gaslicht ihre Gesichter noch freudloser wirken ließ als bei Tage; in den Kaschemmen, und noch mehr vor deren Türen, denn da lagen sie, von den Matrosen betrunken gemacht, unfähig, allein nach Hause zu finden.

Gladys nahm sich ihrer unermüdlich an. Sie besorgte ihnen ein Bett im Missionsheim. Sie holte sie auch oft auf ihr Zimmer, half ihnen, sich ein wenig in Ordnung zu bringen, machte ihnen Kaffee und brachte sie zum Zug, wenn sie mit ihrem Hunger nach Leben aus den walesischen Bergen gekommen waren, um sich einmal in der Stadt zu vergnügen. Und wo sie nur konnte, sprach sie mit ihnen über Jesus. Sie holte sie zu Evangelisationsversammlungen ab oder zu einer ganz schlichten Andacht, und es kam vor, daß ihr ein kleiner Zug solcher Frauen durch die Straßen folgte, Samstag abends, wenn sie zur Kirche eingeladen hatte.

Bald war sie eine bekannte Persönlichkeit in Swansea. »Unsere kleine Schwester« wurde sie genannt.

Die Arbeit machte ihr Freude. Nie vorher hatte sie so missionieren können wie in Swansea. Sie nahm diese Gelegenheit als ein Angeld ihrer Berufung, und der Gedanke daran hielt ihren Eifer wach, wenn sie schon einmal müde werden wollte all der Begierde, der Verlogenheit, des Lasters, dem sie Nacht für Nacht begegnete, und wenn der Blick auf den geringen Erfolg ihrer Arbeit sie bedrückte.

Doch dann begann der Gedanke an China sie wieder zu beunruhigen. Die ganze Zeit über stand er hinter allem, was sie tat. Aber jetzt nagte er an ihrer Geduld und begann sie zu quälen. Es war kein Tag vergangen, an dem sie Gott nicht gebeten hätte, sie nun bald zu senden. »Herr, öffne mir die Wege nach China«, flehte sie. »Ich muß nach China!«

Und unentwegt grübelte sie über alle Möglichkeiten nach, dorthin zu kommen. China ließ sie nicht los.

Da kam ihr eine Idee.

London!

Alle Fäden laufen dort zusammen. Verbindungen über die ganze Welt gehen von London aus.

»In London muß es doch Menschen geben, die mir sagen können, wie man nach China kommt!« überlegte Gladys. »Man muß sie nur fragen —, und fragen kostet nichts. Also muß ich nach London fahren.«

Und sie fuhr nach London.

Sie besuchte dort einige bekannte Pfarrer, von denen sie gehört hatte und deren Namen sie wußte. Ihre Frage war einfältig genug:

»Wie kann ich nach China kommen?« Und, gleichsam um eine Hilfe bei den Überlegungen der nachdenklichen Herren zu bieten und eine Möglichkeit der Überfahrt anzudeuten, fügte sie hinzu: »Vielleicht als Kindermädchen einer ausreisenden Familie oder als etwas Ähnliches?«

Arme Gladys!

Die Herren schienen sich nicht sonderlich für Möglichkeiten der Überfahrt zu interessieren. Nicht einer machte sich Gedanken darüber, wie sie nach China kommen könnte. Sie hatten ganz andere Probleme.

»Was wollen Sie in China anfangen, wenn es Ihnen wirklich gelänge, dorthin zu kommen?«

Manche lächelten mitleidig, als sie diese Frage an Gladys stellten.

Und Gladys wußte es tatsächlich selbst nicht. Das hatte sie Gott überlassen wollen. Wenn er sie rief, mußte er wohl wissen, wozu.

»Gott wird mir schon zeigen, was ich dort zu tun habe. Er wird mir weiterhelfen.«

Das war genug, um auch die Gutwilligsten zurückzuhalten, auch nur ein ermunterndes Wort verlauten zu lassen. Nicht einer war bereit, ihr zu helfen; und nicht einer wollte einsehen, daß diese kleine Frau in China benötigt wurde. »Schlagen Sie sich diesen Gedanken aus dem Kopf«, sagten sie alle. »Sie tun ein gutes Werk dort unten in Swansea. Dort werden Sie gebraucht. Seien Sie treu in dieser Arbeit. Im Augenblick ist dies der Wille Gottes für Sie.«

Mutlos und niedergeschlagen setzte sich GLadys in den Zug, der sie nach Swansea zurückbrachte.

Was soll nun werden? fragte sie sich. Sie wußte keine Antwort und sah keinen Zipfel einer Möglichkeit. So zog sie zunächst ihre Bibel hervor und begann zu lesen.

Sie blätterte vorn, dann ein wenig weiter hinten. Aber was sie las, schien in so geringer Beziehung zu dem zu stehen, was sie jetzt durchlebte, daß sie weiterblätterte. »Was soll ich nur lesen!« fragte sie sich und wanderte mit ihrem Finger hilflos durch die biblischen Bücher. Da durchfuhr sie ein gelinder Schrecken. Ihr wurde nämlich bewußt, daß sie noch nie längere Stücke der Bibel hintereinander gelesen hatte, etwa ein ganzes Buch oder nacheinander eine Reihe von Büchern. Noch nie hatte sie systematisch die Bibel gelesen. Wohl hatte sie sich schon manchen schönen Spruch herausgesucht, mancher wertvoller Abschnitt hatte ihr schon geholfen, so daß sie ihn auswendig gelernt hatte. Aber sie war noch nie auf den Gedanken gekommen, die Bibel einmal richtig zu lesen, von Anfang an. Das hatte sie noch nie getan.

Da mußte sie über sich selbst lächeln.

»Bist eine tüchtige Missionarin, Gladys«, sagte sie sich, »da willst du hinausziehen in fremde Länder und Heiden bekehren, und dabei kennst du selbst noch nicht einmal die Bibel richtig, Gottes heiliges Wort!«

Und war es nicht Gottes Wort, das sie nach China rief? Mit einemmal schien ihr viel wichtiger als den Weg nach China zu kennen, zu wissen, was in der Bibel steht, und so begann sie beim 1. Vers des 1. Kapitels im 1. Buch Mose zu lesen, Vers für Vers.

»Was ich da las, machte mir zunächst keinen sonderlich großen Eindruck«, gab sie später zu. »Aber dann kam ich zu Abraham, an die Stelle im 1. Buch Mose Kapitel 12, und las: Und der Herr sprach zu Abraham: Gehe aus deinem Lande und aus deiner Verwandtschaft und aus deines Vaters Haus in das Land, das ich dir zeigen werde. Und ich will deinen Namen groß machen, und du sollst ein Segen sein.«

Gladys horchte auf.

Da war ein Mann, der alles zu Hause ließ. Das Haus seines Vaters, alle seine Pläne, seine Sicherheiten, und ging in ein Land, das Gott ihm zeigte. Einfach, weil Gott sagte, daß er das tun soll. Er ließ alles zu Hause, zog fort, und Gott machte ihn zum Segen.

»Vielleicht«, so fragte sich GLadys, »wünscht Gott, daß ich's wie Abraham mache.«

Doch vorerst blieb sie in Swansea und tat ihr Werk

unter den Frauen dort weiter. Auch ihr Bibelstudium trieb sie weiter.

Da kam sie an die Geschichte des Mose.

Welch eine Geschichte war das. Wie kühn war dieser Mann! Wieder ein Mann, dem alle Voraussetzungen für sein großes Werk fehlten und der es doch schaffte. Mit einem Mut ohnegleichen führte er die Israeliten aus Ägypten und durch das Rote Meer. Und durch die Wüste. Ein ganzes Volk! Dazu gehörte Mut. Dabei war es durchaus kein gefügiges Volk, sondern eines, das Mose oft sehr viel Mühe machte. Und diese Mühe mußte Mose auf sich nehmen. Gott hat sie ihm nicht abgenommen. Er tat nicht das für Mose, was Mose selber tun konnte. Mose mußte sich antrengen, daß er den Auftrag Gottes erfüllte.

»Wenn nun auch ich mein Äußerstes tue, um nach China zu kommen, ob dann Gott nicht von sich aus alles übrige, was ich nicht tun kann, dazu tun wird?« fragte sich Gladys.

Auf alle Fälle braucht man Geld, wenn man nach China will. Das stand fest. Auch Gladys brauchte Geld, um dorthin zu kommen. Gladys durchdachte die Sache nach allen Seiten, und nichts konnte die Einsicht verdrängen, daß nun erst einmal Geld notwendig war.

Doch der geringe Verdienst aus ihrer Arbeit im Rettungswerk reichte zu einer Rücklage nicht aus, da konnte sie sparen, wie sie wollte. Was sie den Mädchen zusteckte, die sie auf die Heimfahrt schickte, ersetzte ihr niemand, und die Erfrischungen, die sie ihnen nachts auf ihrem Zimmer reichte, bezahlte sie auch aus ihrer schmalen Börse. Das wäre ja auch ganz in der Ordnung gewesen, wenn sie nur nicht gerade das Geld für die weite Reise gebraucht hätte. Darum entschloß sie sich, nach London zurückzugehen, um — wieder als Hausmädchen — Geld zu verdienen.

17

Drei Tage erst war Gladys auf ihrer neuen Stelle. Durch ein Vermittlungsbüro, an das sie sich gewandt hatte, war sie dahingekommen. Es war das Haus des Sir Francis Jounghusband, eines Forschungsreisenden. Sie saß in ihrem kleinen Stübchen auf der Bettkante und las in ihrer Bibel. Inzwischen war sie bis zum Buch Nehemia durchgedrungen.

Dieser Mann weckte ihr ganzes Mitgefühl. Da lebte er als Mundschenk am Hofe des Persischen Königs Arthaxerxes auf der Burg Susan und hörte von Jerusalem. Männer seines Volkes waren von dort gekommen und erzählten von den niedergerissenen Mauern und den ausgebrannten Toren ihrer Stadt. Aber Nehemia konnte nichts tun. Er war einer der Weggeführten am Hofe des Siegers. Voll Sehnsucht nach Jerusalem hörte er zu, und war doch machtlos zu helfen.

Gladys konnte verstehen, daß dieser Mann trauerte, daß er weinte und zu Gott schrie. Er war aber eben nur ein Mundschenk.

»Genau wie ich«, fand sie, »so eine Art Hausdiener.« Dann kam sie an das 2. Kapitel des Buches Nehemia. Da stand am Schluß des Kapitels: Da antwortete er ihnen und sprach: der Gott des Himmels wird es uns gelingen lassen, denn wir, seine Knechte, haben uns aufgemacht und bauen.

Wie bitte?

Nehemia hatte sich aufgemacht!

Also ging Nehemia!

Gladys legte die Bibel zur Seite und stand auf. Er ging. Nehemia machte sich auf und ging.

Wieder nahm sie die Bibel zur Hand und las die

Stelle noch einmal. Und wie sie in ihrem Stübchen so stand, die Bibel in der Hand, fragte sie sich:

Gladys Aylward, ist Nehemias Gott nicht auch dein Gott?

Natürlich, das ist er!

Gut, dann mach es wie Nehemia!

Aber ich bin doch nicht Nehemia!

Nein, aber ich bin Gott!

Das leuchtete ihr ein.

Dann nahm sie, überwältigt von diesem Gott, der zugleich Nehemias und zugleich Gladys Aylwards Gott ist, ihre Bibel, legte sie auf ihr Losungsbüchlein und darauf ihre gesamte Barschaft — es waren zwei Pence und ein halber — und sagte: »O Gott, hier ist meine Bibel. Hier ist mein Losungsbuch. Hier ist mein Geld. Und hier bin ich. Gebrauche uns, gebrauche uns!«

Plötzlich öffnete sich die Tür und eines der Hausmädchen steckte seinen Kopf ins Zimmer. Sie schaute ganz verdutzt auf Gladys hin. »Du bist verrückt, glatt verrückt!«

Aber Gladys achtete nicht darauf. Sie war überzeugt davon, daß Gott jetzt irgend etwas wegen China unternahm — sie hatte nur keine klare Vorstellung, was das wäre.

Da ging die Zimmerglocke.

Gladys ging langsam hinunter in den ersten Stock. Sie mußte sich erst ein wenig sammeln. Dann trat sie bei Frau Younghusband ein.

»Ich pflege meinen Mädchen das Fahrgeld zu vergüten, wenn ich sie angestellt habe«, erklärte die Dame, »wieviel kostete Ihre Fahrt?«

Die überraschte Gladys antwortete schnell: »Zwei Schilling neun Pence von Edmonton nach hier, gnädige Frau.«

»Hier haben Sie drei Schilling; und ich hoffe, daß Sie sich bei uns wohlfühlen werden.«

»Vielen Dank, gnädige Frau!«

Und diese drei Schilling samt den zweieinhalb Pence waren der Grundstock zu Gladys Fahrt nach China.

Wie ein Magnet zog dieser Grundstock nun Schilling um Schilling und Penny um Penny an sich. Schon allein seine Existenz trieb Gladys zu einer ungewöhnlichen Geschäftigkeit. An ihren freien Nachmittagen arbeitete sie in anderen Häusern. Sie konnte bis zu 10 Schilling und auch ein Pfund verdienen, wenn sie in der Küche und dann noch beim Abendessen half. Manchmal arbeitete sie auch die Nacht durch, etwa bei Abendgesellschaften. Dann verdiente sie schon bis zu 2 Pfund und 10 Schilling.

Und das alles sparte sie.

Als sie schon ein nettes Sümmchen beisammen hatte, ging sie in das Büro einer Schiffahrtsgesellschaft.

»Was kostet die Überfahrt nach China?« fragte sie.

Der Angestellte sah sie prüfend an. Dann suchte er nach den Unterlagen und gab Auskunft. Der niedrigste Preis für die Schiffsreise kostete 90 Pfund. Gladys konnte sich ausrechnen, wie lange sie bei einem solchen Fahrpreis noch sparen mußte. Das war eine lange lange Zeit. Ob es denn keinen anderen Weg gäbe, nach China zu kommen, fragte sie darum.

»O doch, wenn Sie den Landweg nehmen, durch Europa, Rußland, Sibirien. Vielleicht kann Ihnen das Reisebüro Miller am Haymarket genaue Auskunft geben.«

Da ging Gladys zum Reisebüro Miller am Hayemarket.

»Was kostet eine einfache Karte nach China?« fragte sie wieder.

Das Erstaunen des Angestellten dort übertraf jedoch den verwunderten Blick, der Gladys bei der Schifffahrtsgesellschaft getroffen hatte, bei weitem. Dem Angestellten im Reisebüro Miller fielen die Augen beinahe aus dem Kopf.

»Wie bitte?« sagte er »nach China! Kommen Sie mal näher, Fräulein, einen solchen Witz erlebt man nicht alle Tage. Was wollen Sie haben?«

Er hatte seine Arme auf die Rampe gelegt und sah mit höchster Spannung auf die kleine Frau herunter.

Die wiederholte nur mit der gleichen Bescheidenheit, aber auch Festigkeit, ihre Frage »ich möchte wissen, was eine einfache Fahrkarte nach China kostet.« Der Angestellte hatte Gladys unentwegt ins Gesicht gestarrt. Er konnte dort aber weder Humor noch Frechheit entdecken, sondern lediglich die Sachlichkeit all der Leute, die Anschlüsse für einen Zug nach Sheffield oder nach Canterbury wissen wollen. Darum wich die Spannung aus seinem Gesicht.

»Das wollen Sie wirklich wissen?« fragte er nur noch einmal und erklärte gleich anschließend: »Das ist mir nämlich in den zwölf Jahren, die ich hier arbeite, noch nie passiert. Nun, ich will den Preis feststellen. Aber dazu sind viele Fragen in anderen Büros notwendig. Bitte kommen Sie doch in einigen Tagen wieder, bis dahin kann ich Ihnen den Betrag sicher nennen.«

Nach einigen Tagen war Gladys wieder zur Stelle und erkundigte sich, ob er es nun herausgefunden hätte. Die Fahrkarte kostete 47 Pfund und 10 Schilling, und zwar von London nach Tientsin.

»Aber wir müssen Ihnen dringend abraten, den Landweg zu nehmen. Denn wir können für Ihre Sicherheit nicht garantieren, weil in der Mandschurei gekämpft wird. Das Risiko ist zu groß, Fräulein!«

»Das Risiko übernehme ich ja«, gab Gladys zurück. »Wollen Sie mich wenigstens für die Reise sparen lassen? Hier habe ich drei Pfund, und sobald ich ein Pfund voll habe, komme ich wieder und zahle ein.«

So kam sie Woche für Woche zum Reisebüro Miller und zahlte ein, was sie nur eben erübrigen konnte.

Auch Frau Jounghusband hatte von ihrem Vorhaben erfahren. Und als sie merkte, daß es Gladys so ernst damit war und wie sehr sie sich anstrengte, das Geld für die Reise zusammenzusparen, gab sie ihr, so oft sie nur konnte, Gelegenheit, sich dieses Geld zu verdienen. Sie überließ ihr auch Kleider und half auf alle mögliche Weise.

Eines Tages waren die 47 Pfund 10 Schilling fast beisammen. Jetzt stand nur noch eine Frage offen: wohin in China sollte sie gehen?

Um diese Zeit verbrachte Gladys einen freien Nachmittag bei ihrer Mutter in Edmonton. Eine Freundin wußte das und lud sie zu einer Missionsversammlung am Abend ein. Nach dieser Versammlung kam eine alte Dame auf sie zu.

»Sie wollen nach China, hörte ich?«

»Ja.«

»Großartig! Hören Sie zu: eine Bekannte meiner Freundin ist eben nach China zurückgekehrt. Mrs. Lawson, so heißt sie, ist 70 Jahre alt und schon sehr lange Missionarin in China. Sie wollte wieder hierher zurück, konnte sich aber in England nicht mehr zurechtfinden. Nun schreibt sie, daß sie ständig Gott bitte, er möchte es doch einem jungen Menschen ins Herz geben, nach China zu kommen, um die Arbeit fortzusetzen, die sie begonnen hat.«

»Damit bin ich gemeint«, sagt Gladys sofort. »Ich werde der Dame schreiben! Wie ist ihre Adresse?«

Da war also schon die Antwort auf die offene Frage, wohin in China Gladys nun gehen sollte.

Sie schrieb an Mrs. Lawson und erhielt nach langer Zeit die Antwort: »Ich werde Sie in Tientsin erwarten, sehen Sie zu, daß Sie den Weg dahin ausfindig machen!«

Das war alles. Aber für Gladys genügte diese Antwort vollauf.

Ein hastiges Packen begann.

Die Mutter nähte Taschen in ein altes Korsett für Fahrscheinheft, Paß, Bibel, Füllfederhalter und zwei Reiseschecks über je ein Pfund. Dazu kamen 9 Pence in Münzen.

Eine Freundin schenkte ihr einen abgesetzten Pelzmantel, und ihre Familie kam für alte, warme Kleidung auf, die für die Reise durch Rußland und Sibirien notwendig war.

Zwei Handkoffer nahm Gladys mit, der eine enthielt Nahrungsmittel wie Keks, Biskuits, Büchsen mit Corned Beef und eingemachten Bohnen, Fleischwürfel, Kaffee-Extrakt, Tee und hartgekochte Eier; der andere ihre wenigen Kleider, ein Federbett, einen Kessel, einen Kochtopf und einen Spirituskocher.

Samstag, den 15. Oktober 1932, morgens um 9.30 Uhr fuhr sie von Liverpool ab.

AUF DER FAHRT NACH CHINA

Die Reise begann gut.

Bald konnte Gladys ihren Eltern mitteilen, daß sie wohlbehalten in Holland angekommen sei. Sie setzte nun ihre Reise in einem holländischen Zug fort.

»In ganz kurzer Zeit bin ich umgestiegen. Alles ging

gut. Der holländische Zug ist hell und sauber; aber er hat keine Polster, sondern nur Holzsitze«, schrieb sie nach Hause.

Gladys trug alle Erlebnisse und Eindrücke dieser langen Reise in ein Heft ein. Es hatte ein hohes Format und sah aus wie ein Journal für Buchhalter. Oft, wenn sie an abgelegenen Stationen auf ihrem Koffer saß und auf Anschluß wartete, schrieb sie rasch mit Bleistift ihre Notizen nieder, oft aber machte sie ihre Eintragungen auch im schaukelnden Zug, wenn sie in schier endlos scheinender Fahrt durch Deutschland, Polen, Rußland und später Sibirien kam. Dieses Tagebuch wurde für lange Zeit neben der Bibel ihr getreuester Begleiter.

Am 18. Oktober erreichte sie Rußland.

Gladys schrieb darüber in ihr Tagebuch:

»Was ich hier sehe und welche Gefühle mich dabei beherrschen, kann ich unmöglich niederschreiben. Die Leute sind zu arm und schmutzig. Es ist nicht zu beschreiben. Die Toiletten in den Zügen sind nicht allzu schlecht, doch von Reinlichkeit kann keine Rede sein. Trotzdem habe ich mich noch in jedem Zug waschen und frisieren können. Augenblicklich läuft der Zug in eine Station unweit Moskaus ein, die, wie alles in diesem Land, durch ihre Dürftigkeit und Nacktheit auffällt. Nichts ist da, was nicht unbedingt da sein müßte. Eins allerdings hat diese Station den anderen voraus: sie ist auffallend sauber. Dafür sorgen zahlreiche Frauen.

Überhaupt scheinen hier die Frauen die schweren Arbeiten zu verrichten; sie tragen hier auch das Gepäck, und man sieht sie bei mancher Arbeit, an die man in England oder anderen europäischen Ländern niemals eine Frau stellen würde.

Im Augenblick steht der Zug. Der Bahnsteig ist voll wartender Menschen. Mitten zwischen ihren Bündeln hocken sie in Gruppen herum. Warum sie ihre ganzen Habseligkeiten mit sich herumschleppen, weiß ich nicht.

Wenn ich früher davon hörte, daß man Rußland nicht beschreiben könne, so verstand ich das nicht. Heute geht es mir aber selbst so. Wahrscheinlich kommt es daher, daß neben all dem anderen, was einem so femdartig erscheint, das Gefühl besonders bedrückt, daß hier nirgends eine Spur von Frohsinn und Heiterkeit zu entdecken ist.

Ich habe besonders die Frauen während meiner Fahrt beobachtet. Ihr Los scheint schwerer zu sein als das der Männer. Auch Kinder, ganz kleine noch, sah ich oft bei der Arbeit oder unter ihren Bündeln, die sie auch schon tragen müssen, daherschwanken. Auch ihnen fehlt die Freude im Gesicht. Oft stehen auch ganz allein, ohne Aufsicht, Mädchen herum. Wohin sie wohl gehen mögen, frage ich mich. Ob sie denn kein Zuhause, keine Bleibe haben, daß sie ihr ganzes Hab und Gut ständig mit sich herumschleppen?«

Der Gedanke, mutterseelenallein in die unendliche Weite dieses Landes, dessen Sprache sie nicht einmal verstand, zu reisen, hatte manchmal etwas Bedrückendes für Gladys. Aber nur vorübergehend. Sobald sie wieder an China dachte und an die Aufgabe, die Gott ihr gegeben hatte, wurde sie froh und zuversichtlich.

Sie war sich der Fürbitte gewiß, die von der Heimat her für sie ausging, und das erfüllte sie mit einem großen Frieden. Dann konnte sie Gott für seine Güte danken und für alle Fürsorge, von der sie überzeugt war, daß sie immer rechtzeitig durchhalf.

Der Zug fuhr im Hauptbahnhof von Moskau ein. Dort sah sie viele Soldaten.

»Oh, welche schmutzigen, ungepflegten Männer!« schrieb Gladys darüber in ihr Tagebuch. »Sie tragen ihr Brot unter dem Arm, brechen Stücke davon ab und essen beim Gehen. Solche vernachlässigten Menschen wirken einfach schrecklich auf uns, die so peinlich auf Sauberkeit erzogen sind. Alle spucken und schnupfen auf den Boden; ich habe tatsächlich noch nicht einen einzigen Menschen angetroffen, der sauber wäre!«

Mit ihrem Proviant, den sie bei sich führte, ging Gladys sparsam um. Zuerst mußten die hartgekochten Eier gegessen werden. Davon aß sie meist mittags und trank eine Tasse Tee dazu. Oft machte sie sich auch eine Tasse Kraftbrühe aus den mitgenommenen Würfeln fertig. Der kleine Kocher tat ihr gute Dienste dabei. Den großen Kochtopf benutzte sie zum Wasserholen. Von den Konservendosen hatte sie bisher noch keine geöffnet.

Immer weiter fuhr Gladys in rasendem Tempo durch russisches Land. In einem Brief schrieb sie nach Hause:

»Ich hatte euch ja versprochen, alles zu berichten was ich unterwegs sehe. Aber ich kann das doch nicht. Ich kann einfach nicht alle Eindrücke dem Papier anvertrauen. Ich glaube, Rußland ist kein glückliches Land. Das Volk wird unterdrückt und ist verelendet. Selbst Kinder von 5 Jahren sah ich bei Straßenarbeiten helfen.«

Dabei waren die Menschen höflich und hilfsbereit. Am 19., es war ein Mittwoch, berichtet Gladys weiter nach Hause: »Der Zug hielt abends um halb acht zum Wasserholen. Ein netter junger Mann nahm mir meinen Kessel ab und füllte ihn mir. Er und zwei seiner Kameraden waren meine Reisegefährten für die Nacht. Sie waren liebenswürdig und höflich zu mir, daß ich völlig ruhig war. Ich steckte wie immer mein Haar für die Nacht auf, band mir ein Tuch darüber, betete dann und legte mich schlafen.«

»Inzwischen habe ich auch ein wenig mehr Erfahrung, wie man hierzulande zu reisen pflegt.«

»Zunächst steht man auf — das gilt für die, die sich ein Bett mieten konnten. Daß solch ein Bett etwas völlig anderes ist als das, was man bei uns darunter versteht, sei dahingestellt. Es sind Federmatrazen, und wenn wir morgens unsere Betten machen, fliegen die Federn in Wolken durch das Abteil. Sie schweben dann sanft auf die Plätze, hängen uns im Haar und liegen auf dem Gepäck. Aber die Betten sind sauber und ich schlafe gut darin. — Dann gehen wir in das Waschabteil. Dort konnte ich mich bisher immer ungeniert waschen und frisieren und zum Frühstück fertigmachen.«

Über das Frühstück schreibt sie:

»Meine Reisegefährten verschlingen große Stücke dunklen groben Brotes, belegt mit Klumpen unappetitlich aussehender Butter; oder sie essen es auch trocken und spülen es mit kaltem, süßen Wasser hinunter. Ich hatte zum Frühstück meist ein gekochtes Ei und Ryvita. Dabei gebrauchte ich natürlich auch mein kleines Salzfaß, das immer Aufsehen erregte. Es ging reihum, und alle streuten Salz und Pfeffer auf ihr Butterbrot, um herauszufinden, wie es funktionierte.

So manches, was sich auf der Reise zuträgt, ist sehr originell. An bestimmten Stationen hält der Zug, um Holzvorrat für die Lokomotive aufzunehmen. Das Holz muß meistens erst gesägt werden, und während dieser Arbeit verlassen die Fahrgäste den Zug, um einen Spaziergang zu machen. Das kann man ganz unbekümmert tun, denn man merkt schon früh genug, wann der Zug zur Weiterfahrt rüstet. Diese Spaziergänge sind neben dem täglichen Auf und Ab in den Wagengängen die einzige Bewegung, die ich während der ganzen Fahrt habe. Allerdings muß ich hinzufügen, daß die Spaziergänge in den Wagengängen wesentlich angenehmer und vor allem sauberer sind als die draußen, denn auch auf den Stationen gibt es keine Bahnsteige, und der aufgeweichte Boden neben den Schienensträngen ist meist nur ein tiefer Morast, in den man bis über die Knöchel und auch noch weiter versinken kann.

Überhaupt bekomme ich hier Dinge zu sehen, die vielleicht nur der versteht, der viel im Ausland, namentlich aber im Osten, war. Immer wieder steigt in mir ein Gefühl der Dankbarkeit gegen Gott dafür auf daß ich als Brite geboren bin, in einem Land, in dem ich die Freiheit habe, Gott zu dienen, wie ich das für richtig halte. Das kann sich wohl nur der auch wirklich vorstellen, der sieht, wie dieses Volk hier lebt. Und wie schwer fällt es trotzdem, den Engländern klarzumachen, was ihnen fehlt, wenn sie Gott aus ihrem Leben streichen.«

Vier Tage nun reiste Gladys schon durch Rußland. Wenn sie morgens aufwachte, kam der neue Tag wie ein Alp auf sie zu, denn vier Tage in diesem Zug bedeuteten für sie vier Tage ohne auch nur einen einzigen Laut menschlicher Stimme, den sie hätte verstehen können. Das Schweigen und die Einsamkeit erschienen ihr zuweilen unerträglich.

»Doch dann«, schreibt sie, »öffnete ich meine Bibel und kam an den 102. Psalm. Da las ich:

›Herr, höre mein Gebet; verbirg dein Angesicht nicht vor mir am Tage meiner Not; wie Gras ist mein Herz verdorrt, daß ich vergesse, mein Brot zu essen; ich gleiche dem Pelikan in der Wüste und dem einsamen Vogel auf dem Dache.

Aber du, Herr, bleibst ewig; du wirst dich aufmachen und über Zion erbarmen, daß die Heiden den Namen des Herrn fürchten und alle Könige auf Erden deine Ehre.

Er wendet sich zum Gebet des Verlassenen, er verschmäht ihr Gebet nicht. Der Herr sieht vom Himmel auf die Erde, daß er das Seufzen der Gefangenen höre und losmache die Kinder des Todes.‹«

»Und ich kam an die Verse:

›Du hast die Erde gegründet, und die Himmel sind deiner Hände Werk.

Sie werden vergehen, aber du bleibst. Sie werden alle veralten wie ein Gewand; sie werden verwandelt wie ein Kleid, wenn du sie verwandeln wirst.

Du aber bleibst, wie du bist, und deine Jahre nehmen kein Ende.‹

Diese Verse erfrischten und stärkten mich, und mein Entschluß, diesem meinem Gott zu folgen, wohin auch immer er mich führte, war stärker denn je.«

Die Entfernungen zwischen den einzelnen Stationen wurden immer größer. Auf diese Weise wurde auch das Wasser, das Gladys in ihrem Kessel hatte, knapper, und sie mußte zusehen, daß der Inhalt für den Tagesgebrauch reichte. So gewöhnte sie sich daran, wenig zu trinken. Die Landschaft, durch die der Zug jetzt brauste, ließ sie manchmal Essen und Trinken auch vergessen. Diese Farbenpracht, diese Fülle frei sich entwickelnder Natur — es war einfach herrlich, und Gladys genoß die Fahrt.

Die Gegend wurde immer wilder. Der Zug kam nur noch langsam vorwärts, und er begann zu schaukeln, so stark, daß es Gladys dann und wann übel wurde. Ihr Appetit war gering.

»Nur nicht krank werden!« dachte sie; aber es war vielleicht nur die mangelnde Bewegung, die diesen schlechten Appetit verursachte. Gladys zwang sich dazu, zum Frühstück Kaffee zu trinken und Ryvita und Datteln zu essen. Mittags öffnete sie eine Konservendose mit eingemachten Bohnen und trank eine Tasse starken Kaffee als Nachtisch.

In der Nähe der Grenze

Nun fuhr Gladys durch eine schneebedeckte Welt.

Sie hatte den Zug wechseln müssen und durchbrauste die glitzernde Ebene Sibiriens. Nie hätte Gladys es für möglich gehalten, daß es solche Mengen Schnee gäbe. Er lag meterhoch, und obwohl die Sonne warm und kräftig schien, schmolz er nicht. Märchenhaft schön war diese weiße Pracht. Gladys konnte sich nicht satt sehen. Mächtige uralte Bäume, die großen Berge, dann wieder weiße flache Steppe — und doch: du armes Rußland! Sie hätte hier nicht bleiben mögen. Diese Herbheit, diese Strenge, ja, eine gewisse Düsternis, die trotz aller Schönheit über dem ganzen Lande zu lasten schien, ließen sie nicht von Herzen froh werden.

Nach zehn Tagen Fahrt durch fremde Länder, nach einer Woche Schweigen, stieg ein Mann in ihr Abteil, der ein wenig Englisch sprechen konnte. Es war ein schlechtes Englisch, aber für Gladys eine unerhörte Ermunterung. Sie hörte ihre Muttersprache und konnte sich — wenn auch mühsam — mit jemandem verständigen. Denn dazu reichte es gerade noch aus.

Die übrigen Fahrgäste wollten nun einiges über Gladys Ziel und Vorhaben erfahren, und der neue Fahrgast mußte Dolmetsch sein. Leutselig, wie die Russen im allgemeinen sind, hatten sie eine Menge Fragen zu stellen und teilten auch von sich aus manches mit, das Gladys interessieren konnte.

So erfuhr sie, daß sie nicht mehr weit von der mandschurischen Grenze weg seien, und man gab ihr gute Ratschläge, wie sie sich dort verhalten sollte. Sie hörte nun auch endlich, was der Schaffner vergeblich hatte erklären wollen, daß nämlich kein Zug mehr nach Charbin führe; der herrschenden Unruhen wegen stoppte der Zugverkehr schon an der Grenze. Die Mitreisenden hielten es darum durchaus für möglich, daß die kleine freundliche Frau aus England zunächst einmal festsäße.

Das waren böse Nachrichten für Gladys. Lange lag sie abends wach. Sie war so beunruhigt, daß sie ohne einen Bissen zu essen in ihr Federbett gestiegen war. Sie überlegte hin und her, was nun zu tun sei und wie sie verhindern könnte, hier festgehalten zu werden.

Plötzlich erschrak sie über sich selbst. »Vergißt du denn Gott? In wessen Auftrag reist du denn, Gladys Aylward? Meinst du, daß der, der dich bis hierhin so gnädig begleitet hat, dich nicht auch weiterhin bewahren und beschützen könnte? Sollten diese Menschen hier stärker sein als er?« So rief sie sich zur Ordnung. Sie nahm wieder ihre kleine Bibel und wollte ihre Lieblingsgeschichte im Alten Testament lesen: Die Befreiung der Kinder Israel aus Ägypten und wie Gott sie aus der Knechtschaft herausgebracht hat. Beim Öffnen der Bibel fiel ihr ein Kärtchen heraus, und darauf stand der Spruch: »Fürchtet euch nicht, gedenket des Herrn!« Der Spruch kam ihr ganz neu vor, und er stand doch im Buche des Mundschenken Nehemia. Ihre Tante Bessie hatte ihn ihr zugesteckt, als sie sich in Bristol von ihr verabschiedete.

»Fürchte dich nicht, Gladys, sondern denke daran, daß der Herr da ist!« Dieser Zuspruch überwältigte sie. Mitten im Zug durch das einsame Sibirien, unter Menschen, die sie nicht kannte und vor einer Grenze, vor der ihr graute, erinnerte Gott sie daran, daß sie ja nicht allein reise. Da weinte Gladys vor Freude.

Wie konnte sie sich überhaupt ängstigen in dieser Gegenwart Gottes. Wie konnte sie sich Sorgen machen, wo Gott ihr doch Tag für Tag geholfen hatte.

Da erkannte sie ihre ganze Schwachheit und sie wußte, daß all ihr Mut, alles was an Kraft und Stärke in ihr wohnte, nur eine Leihgabe Gottes war, und dieses Bewußtsein überströmte ihre Seele mit einem Frieden, der überhaupt nicht zu fassen war. Gladys schrieb in ihr Tagebuch: »Obwohl ich nun weiß, daß ich möglicherweise an der Grenze festgehalten werde, bin ich ganz ruhig, und ich habe einen ganz großen Frieden; denn ich weiß, daß Er keinen Fehler macht. Niemals macht er einen Fehler, und selbst wenn ich könnte, würde ich jetzt nicht mehr zurückgehen wollen, weil ich glaube, daß Gott dabei ist, sich mir auf wunderbare Weise zu offenbaren.«

An allen Stationen stiegen nun Soldaten in den Zug, die zur Grenze mußten. Einige davon waren freundlich und gut gelaunt, andere dagegen finster und mürrisch. Zwei Offiziere kamen in ihr Abteil, und da der freundliche Dolmetscher den Zug schon lange verlassen hatte, versuchten sie wieder durch Zeichensprache sich miteinander zu verständigen. Es war ein heiteres Gestikulieren, bei dem der eine vom anderen nicht wußte, wieviel Mißverständnisse inzwischen entstanden waren. Aber es waren freundliche Reisegefährten, und dafür war Gladys dankbar.

Inzwischen bestand kein Zweifel mehr darüber, daß die Kämpfe in der Mandschurei nicht zuließen, daß der Zug bis nach Charbin fuhr. Das hatte für Gladys die Folge, daß sie nicht bis Dairen durchfahren konnte und somit den Dampfer in Tientsin nicht erreichen würde. Sie dachte an den Angestellten im Reisebüro Miller, wie er sie gewarnt hatte, durch die Mandschurei zu fahren, und wie sie so schlicht geantwortet hatte, »das Risiko übernehme ich«.

Sie wußte aber, wer in Wirklichkeit das Risiko übernommen hatte, und das machte sie ruhig. Auch als der Zug sich mehr und mehr leerte und der unruhige Atem des Krieges spürbar wurde.

Zwischen Japan und Rußland herrschte Krieg, und der Eisenbahnverkehr in der Mandschurei war davon betroffen. Die Soldaten bestätigten das.

SIE MÜSSEN AUSSTEIGEN!

In dem Abteil, in dem Gladys reiste, herrschte jetzt eine seltsame Nervosität. Es waren fast keine Zivilisten mehr im Zuge, sondern nur noch Soldaten. Gladys hätte beim besten Willen nicht behaupten können, daß ihr bei alledem sehr behaglich zumute gewesen wäre.

In Tschita kam ein Bahnbeamter in das Abteil und redete sie an.

Gladys verstand nicht.

Er versuchte, sich durch Gestikulieren verständlich zu machen. Er gestikulierte, sie gestikulierte, aber ohne Erfolg. Gladys begriff durchaus nicht, was er sagen wollte. Er hatte auf Russisch zu ihr gesagt: »Sie müssen aussteigen, Fräulein, die Strecke wird beschossen!«

Aber Gladys verstand kein Wort.

Er zuckte mit den Schultern und wollte sich gerade entfernen, als ihm plötzlich noch eine rettende Idee gekommen schien. An der Tür nämlich drehte er sich noch einmal um und schrie mit brummiger Stimme und erhöhtem Kraftaufwand, während sein buschiger Schnauzbart vor Erregung hüpfte: »Bitte, so steigen Sie doch aus!«

Aber Gladys, die inzwischen auch an russische Rauhheiten gewöhnt war, blieb unbeweglich sitzen, als wäre sie angewachsen, und der Zug fuhr weiter.

Den ganzen Tag fuhr er, nur nachts hielt er an, irgendwo. Es waren nur noch Soldaten darin, und auch die verließen nach und nach den Zug, so daß er immer leerer wurde und Gladys fast nur noch der einzige Fahrgast blieb.

Dann hielt er wieder.

Als er endlich anfuhr, trat Gladys in den nachtdunklen Gang hinaus — niemand war mehr zu sehen. Der Zug war leer.

Da, wieder ein Bahnhof! Alle Lichter waren ausgelöscht, man sah keinen Menschen.

Aber was war denn das?

Über den nächtlichen Himmel irrten Lichter. Sie zuckten auf und verlöschten. Und dann kam ein dunkles Rollen, das Gladys noch nie gehört hatte.

Das war der Krieg.

»Kampfzone!« Gladys erschrak heftig. Jetzt begriff sie, weshalb der Zug nicht weiterfuhr.

Hastig raffte sie nun ihr Gepäck zusammen, stopfte die Koffer voll — von Packen konnte jetzt keine Rede sein! — wickelte das Federbett in ein grünes Bettuch, steckte Öfchen und Kessel in einen Sack und trollte sich davon.

So sehr auch ihre Gedanken jagten, daran, daß der Kessel aufrecht gehalten werden mußte, weil er noch kostbares und in dieser Gegend sehr rar gewordenes Wasser enthielt, dachte sie doch.

Und das war gut.

Rasch kletterte sie auf den Bahnsteig hinunter.

Es war bitterkalt. Der Wind blies durch die verlassene offene Station und brachte schneidende Kälte. Kein Mensch war weit und breit zu sehen. Selbst von dem Zugpersonal konnte Gladys keinen mehr erblicken.

So hockte sie sich auf ihr Gepäck, elend, hungrig, halb erfroren, allein, mutterseelenallein, in der Nähe der mandschurischen Grenze.

Später schrieb Gladys über diese trostlose Verlassenheit in ihr Tagebuch:

»Ich dachte, ich wäre erfroren. Die beißende Kälte drang durch alles hindurch. Da wurde ich wieder verzagt und fragte mich, ob das Ganze noch Zweck habe. Plötzlich fuhr es mir blitzartig durch den Sinn: Fürchte dich nicht, gedenke des Herrn! Da flehte ich zu Gott, daß er auch meiner gedenken und mir helfen möchte, und ich glaubte, daß er es gewiß tun werde. O ja, wenn auch in ganz anderer Weise, als ich mir das vorgestellt hatte!«

Die Gewißheit der Hilfe Gottes brachte Gladys wieder auf die Beine. Sie ließ das Gepäck liegen und meinte, die Nacht könne doch die Zugschaffner nicht verschluckt haben. So ging sie auf die Suche, bis sie an eine Hütte kam, in der die vier Männer saßen: der Bahnwärter, der Lokomotivführer und sein Heizer und der Weichensteller. Und einer von ihnen war der Schnauzbärtige, der sie vergeblich hatte bewegen wollen, auszusteigen. Er erkannte sie gleich wieder, und sofort begann er wieder zu gestikulieren. Die Männer zeigten auf die Eisenbahnlinie, ahmten das Geräusch der Maschinengewehre und der Kanonen nach, deuteten dann wieder auf den Zug und schüttelten die Köpfe. Das sollte heißen: Die Bahnlinie liegt unter Feuer.

Weiterfahren unmöglich. Auch erklärte man ihr, daß der Zug Verwundete zurücktransportieren solle und man nur noch auf die entsprechenden Transporte warte. Wann der Zug zurückfahre, könne keiner sagen.

Die Männer gaben ihr zu verstehen, daß sie zu Fuß wieder in rückwärtiges Gebiet wandern müsse. Sie ahmten dazu das Gepäcktragen nach und das vorsichtige Halten des Kessels. Das sah sich so komisch an, daß alle lachten, und Gladys lachte mit.

Sie brauten ihr noch einen starken Kaffee. Der tat ihr gut in dieser schneidenden Kälte und belebte ihre müden Glieder. Dann zog sie wieder hinaus in die Nacht.

Der Zug, so hatte Gladys verstanden, konnte lange hier stehen, bis die Verwundeten zur Stelle wären. Sie konnte darauf nicht warten. So nahm sie ihr Gepäck auf, Kessel und Öfchen trug sie besonders. Die Koffer zog sie hinter sich her über den knirschenden Schnee die Schienen entlang, die sich auf einer endlos erscheinenden Strecke im Dunkel verloren. Sie ging unter den hohen Bäumen her, die sie vom Zug aus bewundert hatte, stapfte mühsam durch den Schnee, der auf den Schwellen lag, zurück nach Tschita. Stunde um Stunde schleppte sie sich durch die sibirische Nacht.

Nach vier Stunden Wegs ruhte sie sich aus. Sie nahm den letzten Rest Wasser aus ihrem Kesselchen und kochte sich eine Tasse Kaffee, dazu aß sie ein paar Kekse. Dann rollte sie sich in ihr Bettzeug, um das sie den alten Pelzmantel wickelte, und legte sich nieder. Zitternd vor Kälte.

Gladys war nicht das einzige Lebewesen in dieser Gegend. Die Wölfe streunten umher und heulten durch die Nacht. Aber Gladys glaubte, es seien Hunde und schlief ein.

Es war eine kurze Nacht, aber sie fühlte sich wohler, als sie lange vor Tag aufstand und ihre steifen Glieder schüttelte. Sie stärkte sich wieder mit Kaffee — diesmal aus Schneewasser — und Keks und setzte ihren Marsch fort, Stunde um Stunde durch den Schnee, die Bahnlinie entlang, bis sie spät am Abend in der Ferne die flackernden Lichter der Station Tschita auftauchen sah. Mühselig schleppte sie sich auf den Bahnsteig, völlig erschöpft und so kalt, daß sie ihr Gepäck kaum noch ziehen konnte. Sie ließ es einfach auf den Bahnsteig fallen und sank darauf nieder.

Menschen kamen und sahen sich das an, diese kleine Frau mit aufgelöstem Haar, schmutzig, erschöpft, wie sie da in der Kälte saß, unfähig, sich weiterzuhelfen. Aber es nahm sich keiner ihrer an. Jeder hatte wohl mit sich selbst genug zu tun.

Später schrieb Gladys darüber: »Mir kam der Gedanke, einen Aufruhr zu verursachen und mich festnehmen zu lassen. Dann würde doch wenigstens etwas für mich getan. Und während ich noch grübelte und nichts Rechtes zu tun wußte, kam ein Soldat und schob mich zur Seite. Ich mußte ihm irgendwie im Weg gewesen sein. Aber auch jetzt blieb ich sitzen, wo ich saß, bis ein Beamter mit einer roten Kappe kam und mich samt meinem Gepäck, das ich nicht aus den Augen ließ, ebenfalls zur Seite räumte, als wäre ich ein hinderndes, lästiges Stück Möbel und mehr nicht. Was ist hier der Mensch!« Und dann interessierte man sich doch für sie, denn sie wurde verhaftet.

Endlich brachte man sie in einen Raum, der gewärmt war. Es hielten sich noch zahlreiche andere Reisende darin auf. Er war unbeschreiblich schmutzig, dazu herrschte ein Gestank, der sie einer Ohnmacht nahe brachte.

Gladys wurde nach ihren Papieren gefragt. Als sie ihren Paß vorzeigte und dazu erklärte, daß sie Engländerin sei, trennte man sie von den übrigen Leuten.

Gladys wußte nicht, was das zu bedeuten hatte. Sie war nun wieder völlig allein und wäre vor Furcht am liebsten gestorben. Auch fror sie entsetzlich, war hungrig und total übermüdet. In einem halbschlafähnlichen Zustand dämmerte sie dahin.

Da war ihr, als träte Tante Bessie vor sie hin, mit einem grünen Spruchkärtchen in der Hand, und auf dem stand: »Gedenke des Herrn. Er ist bei dir!«

FLUCHT AUS RUSSLAND

Am nächsten Tag wurde Gladys zum Verhör gerufen. Sie kam zu einem Beamten, der sie auszufragen versuchte. Natürlich verstand Gladys auch von diesem Mann kein Wort. Wieder begann das Gestikulieren, aber die Sache wurde leider immer schwieriger, so daß der Beamte einen Kollegen herbeiholte, der englisch sprach. Das Wort ›englisch‹ war auch das einzige, was Gladys begriff. Es war völlig unmöglich, sich mit ihm zu verständigen. So wurde das Verhör abgebrochen, und Gladys blieb weiter sich selbst überlassen.

Gladys machte das nun nicht mehr viel aus. Sie rollte ihr Bettzeug auseinander und legte sich wieder schlafen.

Am folgenden Tag kamen die Beamten wieder. Fast den ganzen Tag beschäftigten sie sich mit ihr. Und zwar war Gegenstand ihrer Verhandlungen Gladys Beruf. Sie hatte eine Eintragung in ihrem Paß, die besagte, daß ihr Beruf Missionarin ist. Das führte aber zu einem Mißverständnis der Herren, die diesen Paß studierten, denn sie entnahmen dieser Eintragung, daß Gladys etwas mit Maschinen zu tun habe oder doch wenigstens etwas davon verstehe. Und solche Leute brauchten sie in Rußland. So sprachen sie auf Gladys ein, und Gladys begann zu verstehen, was man mit ihr vorhatte. Sie sollte in Rußland bleiben und arbeiten.

»Hier bleiben? In Rußland? Maschinenarbeit verrichten wie Tausende, Millionen russischer Frauen? Und was wird aus meinem Auftrag für China?!«

Sie war, als ihr ins Bewußtsein kam, welche Folgen diese Überlegungen für sie haben könnten, so erschrokken, daß sie weder ein noch aus und vor allem nichts mehr zu sagen wußte.

Sie mußte den russischen Beamten klarmachen, welchen Beruf sie hatte. Das war ihr klar. Aber sie wußte nicht, wie sie das anstellen sollte. Sie betete, und ihr wurde wieder die Gegenwart Gottes wunderbar gewiß. Kurz entschlossen holte sie nun ihre Bibel hervor und blätterte darin. Da fand sie einen illustrierten Bibelspruch. Sie zeigte den Männern das Kärtchen. Und nun schienen sie verstanden zu haben. Sie lächelten und gaben ihr ein neues Visum und eine neue Fahrkarte für die weitere Strecke ihrer Reise.

Sie hatte noch Zeit bis zur Abfahrt des nächsten Zuges. So nahm einer der Russen sie mit und zeigte ihr Tschita. Sie sah sich das alles mit großem Interesse an, aber auch was sie hier sah, verlockte sie nicht zu bleiben. Ihr Begleiter brachte sie zum Zug und erklärte ihr noch, daß sie mit diesem Zug nur bis Nikolshissur fahren könne und dann in einen Zug nach Pogranilchnai umsteigen müsse, der sie bis Charbin bringe.

Diese Auskunft und das Zurechtlegen der Strecke hatte sehr viel Mühe gemacht. Es lag eine Fürsorge darin, wie sie Gladys hier wirklich nicht größer erwarten durfte, und sie war dankbar dafür.

Und dennoch war alles umsonst.

Als sie in Nikolshissur ankam, konnte sie keinem Menschen begreiflich machen, was sie vorhatte. Es war spät. Sie wagte es nicht, in dieser Dunkelheit noch etwas zu unternehmen. So ließ sie sich wieder auf dem Bahnsteig nieder. Es war eine Nacht voll eisiger Kälte, und sie glaubte, nun gewiß erfrieren zu müssen. Aber am nächsten Morgen rollte sie wieder ihre durchgefrorenen Glieder aus der Pelzdecke, kochte sich ihren Kaffee auf dem Spirituskocher, aß ihre Kekse und machte sich auf den Weg, um jemanden zu finden, der ihr helfen könnte. Natürlich mußte das jemand sein, der englisch sprach. So suchte sie das Verwaltungsbüro auf, denn hier hoffte sie noch am ehesten einen solchen Menschen zu finden.

Doch in dem Gebäude befand sich kein Mensch, der ihre Sprache verstand.

Gladys war dem Weinen nahe.

Was nun?

Sie suchte in ihrer Tasche nach irgend etwas, das ihr helfen konnte, sich verständlich zu machen. Sie fand die Photographie ihres Bruders Laurie. Er trug die Tambour-Uniform der britischen Armee und sah im Vergleich zu den russischen Soldaten außergewöhnlich schneidig aus. Er wirkte wie ein hoher Offizier, und das schienen sie auch zu glauben.

Gladys zeigte das Bild den Beamten, und wenn sie auch nicht dahinterkam, was diese nun dabei dachten, jedenfalls halfen sie ihr jetzt. Und mehr wollte sie ja vorerst nicht.

Ehe Gladys sich versah, hatte man ihr Gepäck geholt und in ein Hotel gebracht. Was das bedeutete, und welch großes Entgegenkommen dahinter verborgen war, erkannte sie erst viel später.

Am nächsten Tag brachte ein Beamter Gladys an den Zug, der nach Wladiwostok fuhr. Ihre Fahrkarte war geändert worden, so daß ihre Reisestrecke nun wieder über Wladiwostok ging. Auch dort wurde sie sofort wieder in ein Hotel geführt, und hier hörte sie endlich wieder englisch sprechen.

Es war das Intourist-Hotel.

Wladiwostok, auf deutsch »Beherrscherin des Ostens«, machte auf Gladys einen mächtigen Eindruck. Gladys schrieb darüber am Sonntag, den 30. Oktober: »Dies ist ein Hafen, in dem man alle Sprachen der Welt hören kann. Wladiwostok ist eine starke Festung und als Endpunkt der sibirischen Bahn und als Ausgangspunkt für Personenverbindungen nach Japan gleich bedeutend und eine große Hafenstadt am Stillen Ozean. Es gibt dort allen Komfort, den man sich nur denken kann. Man könnte sich in London und Paris nicht wohler fühlen.«

Das schrieb sie jedoch vor der eingehenderen Stadtbesichtigung, die sie kurz darauf vornahm.

Gladys fand es herrlich, sich wieder einmal gründlich waschen zu können, in einem Bett zu schlafen, wie sie es von zu Hause kannte, und nun auch wirklich eine ganze Nacht durchschlafen zu können. Das erste Mal, seitdem sie England verlassen hatte.

Sie wechselte ihre Kleider und rüstete sich, körperlich und geistig wieder frisch, zur Weiterreise. Sie hatte morgens sich melden müssen. Wieder war ihr Paß geprüft worden. Der Beamte hatte ihn aus einem Grunde, der Gladys nicht einsichtig war, zurückbehalten.

Da sie aber erst am nächsten Tag nach Charbin weiterreisen konnte, beschloß sie, ein wenig die Stadt zu besichtigen.

Welch ein Schmutz! Gladys war entsetzt. Die Hauptstraßen mochten noch einigermaßen angehen. Sie hatte ja schon unterwegs einiges gesehen, und ihre europäischen Maßstäbe waren nicht mehr so unerschütterlich auf asphaltierte Straßen gerichtet.

Aber die Nebenstraßen boten ihr ein so wüstes Bild, daß sie es ihrem Tagebuch nur zögernd anvertraute. Überall bildeten die Menschen lange Schlangen vor den Geschäften und standen an um klebriges schwarzes Brot, und für Gladys Reinlichkeitssinn und ihre Vorstellung von Hygiene war es ein kleiner Schock zu sehen, wie diese Brote unverpackt unter dem Arm geklemmt und unterwegs angebrochen wurden. In den Gassen fand sie tiefe Löcher mit stinkenden Pfützen. An den Rändern aber saßen die Menschen, arbeiteten, plauderten, wuschen ihre Wäsche oder aßen, je nachdem. Hier draußen spielte sich das Leben der Leute von Wladiwostok ab.

Die Menschen schienen ihr Mongolen zu sein. Sie sahen den Japanern sehr ähnlich mit ihrer dunklen Hautfarbe und den kleinen Augen. Der Anblick der Frauen erschütterte Gladys. »Sie brachen mir fast das Herz«, schrieb sie, »zarte, schmale, kleine Gestalten, dürftig gekleidet, von Hunger und Entbehrung gezeichnet. Auf ihrem Rücken trugen sie fette Babies, dazu oft noch schwere Bündel auf den Schultern.« Sie mochten auf ihre Art vielleicht glücklich sein. Gladys aber brannte darauf, diesen Menschen die frohe Botschaft zu bringen und wenigstens einigen das Heil zu verkündigen. Sie brachte diese Anliegen in innigen Gebeten zum Ausdruck. Noch selten in ihrem Leben hatte sie sich so abhängig und doch auch geborgen gewußt in der Hand ihres Herrn, und das gab ihr Kraft und Zuversicht.

Zwei Tage hatte Gladys nun schon in Wladiwostok

zugebracht, aber trotz aller Bemühungen konnte sie keine Verbindung nach Charbin ausfindig machen. Dagegen versuchten alle Beamten, die sie um Hilfe anging, sie in Rußland festzuhalten.

»Was wollen Sie«, der Russe hob ein wenig die Schulter, »Sie haben kein Geld für die Fahrkarte, damit besteht für Sie ja gar keine Möglichkeit, nach China zu kommen!«

»Aber meine Fahrkarte ist doch bis Tientsin bezahlt!« Gladys mußte sich Mühe geben, ruhig zu bleiben. »Was wollen Sie eigentlich von mir? Warum lassen Sie mich nicht fahren?« fragte sie rundheraus. »Warum lassen Sie mir bis in mein Schlafzimmer nachspüren?«

In Gladys zitterte noch der Schrecken über die Begegnung mit dem Beamten nach, der ihren Paß zurückbehalten hatte. Wie aus einer Versenkung war er plötzlich vor ihrer Zimmertür aufgetaucht. Sie hatte ihn mit zorniger Energie hinausgewiesen, nachdem sie ihm ihren Paß, den er in der Hand hielt, blitzschnell abgenommen hatte. Seit dieser Begegnung hatte sie nur noch ein einziges Interesse: auf jeden Fall so schnell wie möglich weiterzureisen. Der Russe, mit dem sie jetzt sprach, teilte dieses Interesse Gladys nicht. Im Gegenteil, er sagte ihr mit aller wünschenswerten Offenheit, aus welchem Grunde er und seine ganze Dienststelle daran interessiert waren, Gladys dazubehalten.

»Wir brauchen Leute wie Sie in unserem Land. Überlegen Sie doch: ein neues Land — eine neue Zivilisation — ein Volk, das frei ist von den Fesseln des Kapitalismus!«

Mit gleicher Offenheit antwortete ihm Gladys: »Ich habe alles gesehen, was ich sehen wollte: Schmutz, schlechte Straßen, verkommene Häuser, hungernde

Frauen bei schwerer Arbeit, und eine furchtbare Armut. Ich danke für Ihre Freiheit!«

Der Mann geriet in Eifer.

»Das sind ja nur Überbleibsel eines vergangenen Systems, das soll ja alles anders werden! Darum brauchen wir gerade Menschen wie Sie, Männer und Frauen, die mit Maschinen umzugehen wissen, die in Fabriken arbeiten und uns helfen, unser Volk in die Höhe zu bringen und die Übelstände, die Sie hier noch gesehen haben, abzustellen!«

»Danke«, antwortete Gladys nüchtern, »aber ich kann Ihnen gar nicht helfen, denn ich bin Missionarin und verstehe von Maschinen so viel wie eine Kuh vom Radio. Auf Wiedersehen!«

Damit verschwand sie. Aber der Russe rief ihr noch nach; und nun war seine Stimme fast drohend: »China ist weit von hier. Sie bleiben in Rußland. Wir werden Sie im Auge behalten!«

Diese Worte machten Gladys Angst. Sie wußte nicht mehr, an welche Stelle sie sich wenden sollte. Sie hatte den Eindruck, daß ihr keiner bei ihren Bemühungen, nun endlich weiterreisen zu können, helfen durfte.

Sie kam spät am Nachmittag in das Intourist-Hotel zurück. Da spürte sie, als sie durch die Empfangshalle ging, einen halben Schritt hinter sich einen Menschen gehen, und dann legte sich eine leichte Frauenhand auf ihren Arm.

Die junge Frau folgte ihr weiter. Bevor Gladys ihr Erstaunen äußern konnte, flüsterte sie in gutem Englisch: »Ich muß Sie sofort sprechen. Kommen Sie bitte mit!« Das sagte sie, indem sie neben Gladys herging, ohne ihren Kopf auch nur zu wenden.

Gladys folgte ihr und ließ sich in eine unbeobachtete Ecke führen.

»Ich wartete nur, bis Sie frei waren«, begann die Fremde.

»Wer sind Sie, und was wollen Sie von mir?« fragte Gladys.

»Das ist jetzt völlig belanglos«, antwortete die junge Frau. »Sie wollen doch hier raus, nicht wahr? Gehen Sie bitte sofort — oder es gelingt Ihnen nie mehr!«

Eine eigentümliche Spannung bemächtigte sich Gladys. Angst kroch in ihr hoch, denn die Drohung des Beamten hing ihr noch in den Ohren; und gleichzeitig verband sie ein Vertrauen, das sie in dieser Stadt noch keinem Menschen hatte entgegenbringen können, mit dieser Frau.

»Wieso«, fragte sie, »ich bin doch britische Staatsangehörige, und außerdem habe ich einen Paß!«

»Haben Sie ihn noch?«

»Natürlich! Hier in meiner Handtasche!«

»Gut. Dann lesen Sie ihn!«

Gladys suchte nach ihrem Paß, den sie heute morgen so schnell in ihre Tasche gesteckt hatte. Welche Angst hatte sie schon darum ausgestanden! Erleichtert hielt sie ihn der Unbekannten hin.

Sie las nach: »Bitte, alles stimmt: Gladys Aylward. Britische Staatsangehörige. Beruf: Mission ... — aber was ist denn das? Hier ist ja das Wort Missionarin in Maschinistin umgeändert!«

»Da haben wir's. Verstehen Sie jetzt? Sie suchen Fabrikarbeiter, Maschinisten nennt man das hier. Mit dieser Eintragung kommen Sie nicht mehr raus. Sie werden ins Innere Rußlands verschleppt und kein Mensch wird je wieder von ihnen hören.«

»Und was soll ich tun?« platzte Gladys heraus. Alles, was sie für sinnvoll gehalten hatte, war bereits getan, und die Tür nach draußen hatte sich nicht einen Spaltbreit geöffnet.

»Ich will Ihnen ja helfen, hören Sie zu: Heute, gegen Mitternacht, wird leise an Ihre Tür geklopft. Machen Sie sich bis dahin fertig. Öffnen Sie unbesorgt und folgen Sie dem Mann, der draußen auf Sie wartet. Aber bitte ganz leise! Und sprechen Sie kein Wort. Stellen Sie auch keine Fragen! Nehmen Sie einfach ihr Gepäck und folgen Sie ihm.«

Andere Hotelgäste kamen. Die Frau ging und ließ Gladys allein.

In dieser Nacht schlief Gladys nicht. Sie packte und stellte die beiden Koffer, den Pelz, Kessel und Spirituskocher bereit und wartete. Dieses Warten fiel ihr schwer. Sie konnte sich gar nicht vorstellen, wer in den nächsten Minuten an ihre Tür klopfen und welchen Weg dieser Jemand sie führen würde. Durfte sie vertrauen? Oder war dies der Auftakt zu ihrer Verschleppung? Dann dachte sie wieder an den offenen und doch auch traurigen Blick der jungen Fremden — und immer wieder suchte sie Halt und Kraft im Gebet zu Dem, der auch jetzt gegenwärtig war.

Im Hotel war es still geworden. Eine lastende, schwere Stille umfing das Haus.

Gladys wartete, bis es fast eins war.

Dann hörte sie das leise Klopfen.

Ihr Herz schlug bis zum Halse, als sie öffnete. Da stand der Fremde und winkte ihr zu folgen. Sie gingen eine hintere Treppe hinunter und verließen das Hotel. Durch verschiedene enge Gassen, von deren Schmutz und üblen Gerüchen Gladys jetzt gar nichts wahrnahm, keuchte sie hinter dem Unbekannten her bis zu den Docks. Dort wartete die junge Frau. Gladys lächelte ihr erleichtert zu.

»Sehen Sie dort drüben das Schiff?« Sie wies in die Richtung. »Es ist ein Japanisches. Bei Tagesanbruch wird es abfahren. Sie müssen mit.«

»Aber ich habe kein Geld für einen neuen Fahrschein. Meiner geht nicht über Japan.«

»Das macht nichts. Gehen Sie in die Holzbaracke. Dort ist der Kapitän. Gehen Sie zu ihm und bitten Sie ihn, Sie mitzunehmen. Er muß Sie unbedingt mitnehmen!«

Gladys sah die Fremde an. Wie kam sie nur dazu, ihr so zu helfen! Diese Frage beschäftigte sie plötzlich so stark, daß sie ihr auch schon von den Lippen kam.

»Sie kennen mich nicht. Warum helfen Sie mir in solch ungewöhnlich freundlicher Weise?«

»Nein, ich kenne Sie nicht. Aber Sie brauchen Hilfe.«

»Ich danke Ihnen.« Gladys überlegte, womit sie dieser Frau eine Freude machen könnte. »Ich würde Ihnen gern irgend etwas schenken.«

Die Fremde schien nachzudenken. »Vielleicht haben Sie ein Kleidungsstück übrig?«

Gladys sah an sich herunter. Sie trug die warmen Sachen, für die ihre Familie gesorgt hatte. Schon oft war sie für diesen guten Schutz gegen die scharfe Kälte dankbar gewesen.

»Ich besitze nur, was ich hier trage. Aber diese Handschuhe können Sie vielleicht brauchen? Und hier, ein Paar Strümpfe. Sie sind zwar alt und gestopft – «

Die junge Frau nahm sie dankbar an.

Ein kurzer Gruß, ein flüchtiger Händedruck. Dann verschwand die Fremde in der Nacht.

Gladys stand für einen kurzen Augenblick allein. Dann nahm sie schnell ihr Gepäck auf und ging auf die Holzbaracke zu, aus der ihr Licht entgegenleuchtete.

Vorsichtig öffnete sie die Tür. Der Kapitän war allein. Sie schob ihre Koffer herein und näherte sich zögernd dem Tisch, an dem der Mann arbeitete.

»Sind Sie der Kapitän dieses japanischen Schiffes dort drüben?« sprudelte Gladys, gleich auf ihr Ziel losschießend, heraus. »Ich muß nämlich unbedingt mitfahren, bitte, ich muß dringend mitfahren!«

Der Kapitän sah merkwürdig lächelnd auf.

»Nur langsam, mein Fräulein! Guten Morgen übrigens! Was kann ich für Sie tun?«

Er selbst sprach langsam und sorgfältig ein gutes Englisch. Das beruhigte Gladys, so daß sie ihre Bitte nun auch ohne die drängende Hast von eben vorbringen konnte.

»Ich muß mit Ihnen nach Japan fahren. Aber ich habe kein Geld.«

»So, so, Sie haben kein Geld. Haben Sie Wertsachen?«

»Nein, ich habe nichts, gar nichts.«

»Sind Sie Ausländerin?«

»Ja, ich bin Engländerin. Hier ist mein Paß. Bitte, nehmen Sie mich mit!«

Er prüfte den Paß und nickte mit dem Kopf.

»Ich sehe, Sie sind in Not. Da muß ich Ihnen natürlich helfen. Ich will Sie mitnehmen. Sie müssen nur einige Papiere unterschreiben, das ist alles. Haben Sie keine Sorge, Sie sind sicher.«

Er führte Gladys auf sein Schiff, und sechs Stunden später verließ sie russischen Boden.

IN JAPAN

Nach drei Tagen erreichten sie einen kleinen japanischen Hafen, den Bestimmungshafen des Schiffes, mit dem sie fuhr. Südlich davon lag Kobe, und dort wußte

Gladys Freunde, zu denen sie so schnell wie möglich kommen mußte, um mit ihnen über die Möglichkeiten ihrer Weiterreise zu sprechen.

Eine Fahrkarte dahin hatte sie natürlich nicht, dafür war im Augenblick das englische Konsulat zuständig. Ein Herr vom Konsulat, der an Bord kam, war froh, seiner Verantwortung für die kleine Engländerin auf eine so einfache Art genügen zu können. Und Gladys freute sich wie ein König auf die Freunde in Kobe.

Sie fuhr zum ersten Mal in einer Rikscha, die sie zur Missionshalle brachte. Der junge Bursche, der die Rikscha zog, klapperte mit seinen Holzschuhen vor ihr her durch die Straßen. Gladys schaute sich um. Das also war eine japanische Stadt. Der junge Mann hätte ruhig etwas langsamer laufen können. Es gab so ungeheuer viel Interessantes zu sehen. Aber er rannte, daß ihm der Schweiß den Nacken herunterlief, und setzte sie vor der Missionshalle ab.

Dort gab es zunächst viele Verbeugungen. Die arme Gladys wußte nicht, wie sie sie erwidern sollte. Aber die Freunde halfen ihr. Als sie aber bei dieser Begrüßungszeremonie die Schuhe ausziehen mußte, war ihr das sehr unangenehm, denn sie hatte ein zwar kleines, aber unübersehbares Loch im Strumpf.

Ein junges Mädchen, Miss Santee, nahm sich ihrer an. Sie war sehr freundlich zu Gladys. Die war todmüde und hätte am liebsten sofort geschlafen. Die Aufregungen in Wladiwostok, die Anstrengungen der Reise, der weite Marsch durch die sibirische Nacht hatten ihre Kräfte nahezu erschöpft. Aber da kam erst das Bad. Das ging auf japanische Weise vor sich: in einem runden Faß, in so heißem Wasser, daß sie meinte, sie solle gekocht werden.

Und dann lag sie in einem weiß überzogenen Bett

unter einer blauen Decke. Sie konnte dieses Wohlsein gar nicht lange genug genießen. Das erste Mal wieder in einem richtigen Bett! — Aber schon kam der Schlaf und nahm sie mit in eine tiefe Bewußtlosigkeit.

Am nächsten Abend schon verließ sie Kobe und ihre Freunde dort. Sie begleiteten sie zum Dampfer, es war wieder ein japanisches Schiff, und erklärten dem Kapitän, was er über Gladys wissen mußte. Das hatte eine gute Wirkung, denn er sorgte ganz vorzüglich und sehr freundlich für die kleine Engländerin.

Fünf Tage verbrachte Gladys auf diesem Schiff. Sie hätte diesen Teil ihrer Reise uneingeschränkt genossen, wenn ihr nicht die Mahlzeiten immer neue schwierige Überlegungen abgefordert hätten. Die Malzeiten waren wirklich das Merkwürdigste auf der ganzen Fahrt. Da hatte jeder ein Brett mit vielen kleinen Näpfchen vor sich stehen. Sie enthielten Suppe, Fleischragout, Salate, verschiedene Gemüse, Reis und Tee. Einige dieser Speisen schmeckten vorzüglich. Doch andere wieder waren für ihren englischen Gaumen einfach ungenießbar. Besonders der Reis wollte ihr nicht rutschen. Es sei denn, sie aß eingemachte Früchte dazu. Da halfen ihr die Büchsen, die sie von zu Hause mitgenommen hatte und von denen sie einige noch immer bei sich trug.

Sie beobachtete, daß die Japaner nur wenig von all den Speisen aßen, und es schien ihnen am besten zu schmecken, wenn sie alles durcheinandergemengt hatten.

Hier auf dem Schiff kannte man keine Stühle. Das war ermüdend für Gladys. Die Passagiere saßen alle mit überkreuzten Beinen auf Strohmatten, nachdem sie, wie das in Japan üblich ist, ihre Schuhe ausgezogen hatten.

Das Schiff fuhr an einer landschaftlich überaus reizvollen Küste entlang. Vor hohe, schneebedeckte Berge schoben sich Hügel mit frischem Grün, die Bäume standen in leuchtend roter Blüte, reizende kleine Häuser mit ihren eigenartig gewölbten Dächern und den geschwungenen Toren, die bunten Fahnen, die an allen Häusern hingen — alles das sah Gladys mit hungrigen Augen. Es war nicht mehr weit, das wußte sie. Am nächsten Tag, einem Sonntag, liefen sie Nogi an, eine kleine Hafenstadt an dieser schönen Küste. Ein Beamter kam, um die Pässe zu prüfen. Er sprach ein sehr gutes Englisch und Gladys freute sich, daß sie sich mit ihm unterhalten konnte. Er hatte auch Zeit, und weil er noch nie in London war, hatte er eine Menge zu fragen. Und Gladys freute sich, von zu Hause erzählen zu können. Sein gutes Englisch hatte der Beamte in Amerika gelernt, wo er längere Zeit zugebracht hatte.

Er lud Gladys zum Tee mit den Offizieren ein. »Das war mir eine hohe Ehre«, schrieb Gladys in ihr Tagebuch. »Der Tee schmeckte zwar scheußlich, aber ich schluckte ihn tapfer hinunter.«

Am nächsten Tag schreibt sie weiter:

»Der Beamte ist wieder an Land gegangen, und wir haben den Hafen verlassen. Es ist recht kalt geworden, obwohl der Himmel klar ist. Mein orangefarbenes Kleid, das ich hier meist trage, ist inzwischen so mitgenommen, es ist richtig schmuddelig geworden, daß ich mich schäme. Die japanischen Frauen sind sehr sauber. Sie tragen hübsche bunte Kimonos. Natürlich haben sie ihre Kleider nicht unter solchen Umständen und so weite Strecken tragen müssen wie ich mein Orangefarbenes!«

Drei Tage hatte Gladys auf diesem japanischen Schiff schon hinter sich gebracht. Da ließ der Kapitän sie an

Deck holen. Er gab ihr ein Fernglas in die Hand und wies auf einen dunstigen Streifen am Horizont.

»China«, sagte er nur und ging.

Gladys war bewegt. Sie konnte gewiß nicht viel sehen, und wenn der Kapitän nicht gesagt hätte, daß dieser ferne schmale Streifen Land — ihr Land! — wäre, hätte sie es ebensogut für eine Nebelbank halten können. Aber es war China! Und sie, Gladys Aylward aus Edmonton in Großbritannien, war schon ganz nah dabei!

Ihr Tagebuch erhält diese wichtige Eintragung:

»Dienstag, 8. November. An diesem Tag sah ich China. Es war gegen Abend. Der Kapitän hatte mich holen lassen, damit ich es noch vor Einbruch der Dunkelheit sehen könnte. Ganz hinten am Horizont, über der lehmig-gelben See, ein schmaler Streifen zwischen Himmel und See — China, das war China!

Mein Herz ist jetzt schon dort. Was immer mich in diesem Lande auch erwarten wird: Ich werde Ihn für alle seine Güte preisen, in der er mich hierhin kommen ließ und mich den ganzen weiten Weg über so gnädig bewahrte. Und außerdem«, fährt die nüchterne Gladys fort, »bin ich auch darum so dankbar, daß China nun in Sicht ist, weil ich es so von Herzen leid bin, immer auf dem Boden zu hocken. Meine Rückenschmerzen plagen mich tüchtig, und mich verlangt nach einem Stuhl. Ich habe mir vergeblich vorzustellen versucht, wir säßen auch zu Hause auf dem Fußboden: beim Essen, wenn wir arbeiten, wenn wir uns unterhalten, bei jeder Gelegenheit, immer hockten wir zu ebener Erde. Aber diese Vorstellung reichte nicht aus, meine Schmerzen zu lindern.«

Am 10. November, gegen 16.30 Uhr, legte der Dampfer in Tientsin an.

Und nun war Gladys wirklich in China.

Unverzüglich suchte sie die Missionsgesellschaft auf. Es war eine Zentralstelle, von der aus sie die Verbindung mit Mrs. Lawson aufnehmen wollte.

Es war sehr kalt, und Gladys hatte sich alle verfügbaren warmen Sachen übergezogen. Aber die Freunde dort hießen sie so überaus herzlich willkommen, daß Gladys auch in den nur spärlich erwärmten Räumen des Missionshauses alles Frösteln überwand. Die Freude, nun endlich nach so überaus zahlreichen Schwierigkeiten und Hindernissen in Tientsin angekommen zu sein, überwältigte Gladys. Es war fast zu viel für sie. Wie freundlich hatte sich Gott erzeigt!

Ein lauter Lobgesang erhob sich, als alle, die unter dem Dach des Missionshauses waren, gemeinsam sangen »Lobe den Herren, den mächtigen König der Ehren«, und es war, als öffnete sich der Himmel, um seinen Segen über sie auszugießen.

Frau Lawson, die alte Missionarin, deren Nachricht in Telegrammstil sich seinerzeit in Gladys Gedächtnis eingebrannt hatte: »Ich werde Sie in Tientsin erwarten. Sehen Sie zu, daß Sie den Weg dahin ausfindig machen!« — diese Frau Lawson war nicht anwesend. Aber sie hatte Bescheid hinterlassen, wo sie zu benachrichtigen wäre, wenn Gladys einträfe.

Es dauerte zwei kurze Tage, da kam Herr Lu, ein chinesicher Helfer, zur Station. Er hatte in Tientsin Besorgungen machen müssen und sollte bei dieser Gelegenheit Gladys weiter mitnehmen.

Zunächst aber wurde in China Heldengedenktag gefeiert. Gladys besuchte den Gottesdienst in der englischen Kirche und freute sich wie ein Kind, das nach langer Zeit wieder einmal nach Hause gekommen ist. Ihr schien die Spanne zwischen diesem Gottesdienst und dem letzten zu Hause viel länger als vier Wochen, die es in Wirklichkeit nur gewesen waren.

Am 12. November brach sie mit ihrem Begleiter auf. Sie bestiegen einen Zug nach Peking. Dort wollten sie übernachten. Gladys hatte den letzten der beiden Reiseschecks für einen chinesischen Paß gebraucht. So fuhr sie als Inhaber eines chinesischen Passes durch das chinesische Land, das zunächst flach und anscheinend sehr fruchtbar war. In der Ferne aber, der sie entgegenschaukelten, erhoben sich gewaltige Höhen. Und dort irgendwo lag ihr Ziel.

Die chinesischen Züge, die Gladys auf dieser ersten Reise benutzte, waren reichlich schmutzig und ungemütlich. In jedem Abteil saßen etwa vierzig bis fünfzig Leute, die von dem schlingernden Zug hin- und hergestoßen wurden. Gladys tröstete sich mit dem Gedanken, daß sie ja nicht oft in diesen Zügen fahren würde.

Als sie in Peking übernachteten, sah und erlebte sie zum ersten Mal ein chinesisches Gasthaus. Die reinlich erzogene Gladys hatte sich in bezug auf Komfort und Hygiene schon auf allerlei gefaßt gemacht. Doch als sie am Abend ihre Tagebucheintragung machte, sträubte sich ihre Feder ». . . o Schreck, Worte können es nicht beschreiben!«

Drei Tage lang fuhren sie mit dem Zug. Dann waren sie am Ende der Bahnstrecke, mitten im Gebirge, angelangt. Sie setzten die Reise in Omnibussen fort, die in die entlegeneren Dörfer fuhren, auf engen, bergauf und bergab sich windenden Pfaden. Sie führten um Berge und immer wieder um Berge, nach rechts und nach links, durch Flüsse und Bäche. Den Fahrern schien überhaupt nichts unmöglich.

»Es ist wahrhaftig ein Wunder«, schreibt Gladys an einem Abend, »daß es solche Omnibusse in China gibt und daß man mit ihnen so einsam gelegenen Orte erreichen kann. Daß man aber eine solche Omnibusfahrt heil und lebend übersteht, ist zweifellos ein noch größeres Wunder.«

Der Bus schaukelte von einer Seite zur anderen, Gladys war, als bräche sie auseinander. Sie war darum froh, als der Abend kam und die anstrengende Fahrt unterbrach. Sie kehrten in einer chinesischen Herberge ein. Herr Lu half ihr, sich in der Ordnung dieses Hauses zurechtzufinden. Denn es gab dort weder Zimmer noch Einzelbetten, sondern das echte chinesische Backsteinbett, auf dem sich alle, die die Herberge aufgesucht hatten, ausstreckten. Keiner zog sich aus. Sie lagen nebeneinander auf den warmen Steinen, die ein Ofen von unten her erwärmte.

Die nächste Unterbrechung war Tsetchow. Dort befand sich eine Missionsniederlassung, die von zwei englischen Damen betreut wurde. Hier ruhte sie sich erst einmal ein paar Tage aus. Zwar waren es nur noch zwei Reisetage bis Yang Cheng. Aber für die schmale Gladys würde das eine anstrengende Reise über das Gebirge sein, für die sie sich erst einmal rüsten mußte.

Die beiden alten Damen in Tsechow umgaben Gladys mit viel Liebe. Sie freuten sich, sie ein wenig pflegen zu können und dabei einiges aus altvertrauten, aber seit langem nicht mehr besuchten Gegenden zu erfahren, und da Frau Lawson vor einiger Zeit länger bei ihnen gewohnt hatte, erfuhr Gladys einiges, was ihr im Hinblick auf die Zusammenarbeit mit ihr wertvoll wurde.

Sie lebte in dem wilden Bergland westlich von Tsechow. Nur selten waren Missionare so weit vorgedrun-
gen und noch nie hatte einer dort gewohnt. Yang Cheng
war eine kleine Stadt, befestigt wie alle Städte in diesen Bergen und lag an einer alten Maultierstraße.

Dahin kam nun selbst ein chinesischer Omnibus nicht
mehr. Wer nicht zu Fuß gehen wollte, mußte sich ein
Maultier mieten, und wer es noch besser haben wollte,
nahm eine Maultiersänfte. Diese bestand aus einem
kleinen Holzbrett, das der Treiber mit geschickten
Handgriffen auf dem Rücken des Maultieres mit Bind-
fäden und Riemen festmachte. In einer solchen Sänfte,
für die Herr Lu gesorgt hatte, zog Gladys nun über's
Gebirge. Sie mußten 3 Gebirgspässe überqueren und
durchwateten mehrere Flüsse. Als sie an das Endziel
ihrer Reise kam, war Gladys so durchgeschüttelt, daß
sie schreibt: »Ich war froh, meine Arme und Beine noch
dort zu finden, wo sie hingehörten, und ich dankte Gott,
daß er so gütig gegen mich war.«

Als sich der kleine Zug Yang Cheng näherte, hatte
Gladys den Eindruck, daß die Stadt wie eine Krone aus
dem nackten Felsen eines Berges gewachsen sei. Eine
feste Mauer umgab sie, und hinter der Mauer ragten
die geschwungenen Linien der Tempel und Pagoden in
die Luft.

Die Stadt lag an der Straße von Hornan nach Horby,
diese lief durch das Osttor und das Westtor und war die
Pulsader Yang Chengs. Seit uralten Zeiten zogen große
und kleine Maultierkarawanen aus den Bergen in die
Ebenen und von dort wieder nach Hause zurück, und
jede trug Sorge, zur rechten Zeit, bevor die Tore geschlossen wurden, in Yang Cheng zu sein. Als Gladys
näherkam, stellte sie fest, daß die Stadt in einem hohen

Felsensattel lag, umgeben von unbewaldeten Bergen, deren nackte Felsen eine großartige Kulisse abgaben.

Als sie später in einem Brief an ihre Mutter ihren ersten Eindruck von der Stadt und ihrer Umgebung wiedergab, spiegelte Gladys reinste Freude darin wider. »Yang Cheng ist sehr schön. Eine kleine Stadt, eingesenkt in einen von Bergen umrahmten Sattel. Die Stadt, von der niemand weiß, wieviele Tausende von Jahren sie alt ist, ist rings von einer Mauer umgeben, von engen gewundenen Straßen durchzogen und voll von Tempeln.

Wir wohnen an der alten Maultierstrecke, die von Horby nach Hornan führt. Verkehrsstraßen gibt es in diesem Teil der Welt nicht, nur Maultierpfade, und Maultierkarawanen durchziehen unsere Stadt Tag für Tag.

Bäume gibt es nicht viele und die Berge ringsum sind hoch und kahl. Besonders klar in den Farben und geradezu überwältigend schön sind die Sonnenauf- und -untergänge. Frau Lawson sagt, daß die Berge im Winter mit Schnee bedeckt seien, aber selbst bei tiefem Schnee soll es hier warm sein. Ein gesunder Ort.

Jetzt ist Frühling, ein ganz herrlicher Frühling. Die Flüsse strömen schnell und mit klarem Wasser über die Felsen, und dort, wo sich kleine Stauungen bilden, waschen die chinesischen Frauen ihre Wäsche. Die Ufer sind mit den verschiedensten Blumen bunt übersät. Neben uns wohnt ein alter Chinese, der in einem Blumentopf einen englischen Kohlkopf zieht. Er ist mächtig stolz darauf und will ihn keinesfalls zum Kochen hergeben, denn er sieht eine besondere ausländische Rarität in ihm.«

Das Haus, in dem Gladys nun wohnte, hielten die Leute für verhext. Sie glaubten, es hausten Teufel darin. Darum konnte es Frau Lawson ganz billig kaufen. Außerdem war es alt und baufällig und es stand in einem der ärmsten Stadtviertel, aber an dem Hauptweg, der zum Stadttor führte. Tagaus, tagein zogen hier Maultierkarawanen vorbei.

Es war wie alle chinesischen Häuser quadratisch gebaut. Alle Zimmer des ersten Stocks wurden von der Galerie aus betreten, die den Hof umgab. Eine hohe Mauer umschloß das ganze, durch die eine schmale Tür in den Innenhof führte.

Die ersten Tage in Yang Cheng waren für Gladys nicht leicht. Sie wußte, das hatten ihr die Damen in Tschow erzählt, daß Hanna Lawson eine ungewöhnlich energische und selbständige Frau war. Sonst hätte sie sich nicht in dieser für einen Europäer sehr unwirtlichen Gegend niedergelassen. Schwerlich wäre ein weniger robuster Mensch der Frechheit chinesischer Kinder und dem angstvollen Widerstand der Erwachsenen, die den fremden Teufel zunächst wie eine Erscheinung aus der Unterwelt mieden, so allein und tatkräftig gegenübergetreten. Gladys erkannte bald, welch eine große Kraft zur Überwindung dieser trennenden Wände notwendig war, und, obwohl sie Frau Lawson hinter sich hatte, wollte ihr doch manchmal der Mut sinken.

Da half ihr die rauhe Nüchternheit Frau Lawsons immer wieder auf. Gladys lernte von sich wegsehen und auch ihre humanen Empfindungen nicht als Inhalt und Ausgangspunkt ihrer Arbeit bewerten, sondern als etwas durchaus Zweitrangiges.

Nicht lange, nachdem Gladys angetreten war, teilte

ihr Frau Lawson ihre Pläne mit. Sie hatte das Haus an der Stadtmauer nicht etwa aus den ihr zur Verfügung gestellten Mitteln irgendeiner Missionsgesellschaft bezahlt. Sie gehörte keiner solchen Gesellschaft an, sondern arbeitete völlig ⸠elbständig und aus eigenen Mitteln, auf eigenes Risiko. Das Haus gehörte ihr, es war von ihrem kleinen Vermögen gekauft worden, und so blieb es ihr völlig überlassen, was sie daraus machte. Und das war gut so.

»Gladys«, begann sie eines Tages, »ich möchte aus dem alten Haus ein Gasthaus machen.«

»Ein Gasthaus, Frau Lawson? Für wen denn um alles in der Welt ein Gasthaus?«

»Für Maultiertreiber, meine Liebe! Du wirst auf deiner Reise chinesische Gasthäuser genug kennengelernt haben und wissen, wie sie aussehen.«

»Allerdings! Ich werde sie nie vergessen!«

Gladys sah sich wieder auf dem warmen Steinbett liegen, angezogen, rechts und links ungewaschene Schläfer, warme, vom Körperdunst und schlechtem Atem verpestete Luft.

Frau Lawson konnte Gladys ansehen, daß ihre Bekanntschaft mit chinesischen Herbergen nicht zu den glücklichsten gehörte.

»Siehst du! Nun hör zu: Du weißt, was für ein Nachtlager Maultiertreiber brauchen. Einen Platz auf einem langen Ziegelsteinbett, das sich längs einer Wand des Schlafraumes hinzieht. Dann müssen sie eine Abendmahlzeit haben: Hirse und Nudeln. Für wenige Pence können wir einen chinesischen Koch mieten; und wenn es uns gelingt, daß sie zu uns kommen, dann können wir mit ihnen sprechen.«

»Das wäre der Anfang unserer Mission.«

»Aber was tun wir, damit sie kommen?«

»Du hast sicher schon mal einen chinesischen Wirt vor seinem Gasthaus stehen sehen, rund, fett, freundlich lächelnd, die Hände in seinen weiten Rockärmeln. Butter würde in seinem Mund nicht zergehen. Dann, wenn das erste Maultier des Zuges an ihm vorbeikommt, krault er den Kopf des Tieres, zieht es in seinen Hof, und die übrigen Tiere folgen ganz von selbst. Sind sie einmal drin, dann empfiehlt er den Treibern die Vorzüge seines Hauses, und die Treiber sind meist zu müde, um lange zu handeln.«

Gladys kannte das. Jeden Abend hörte sie das Geschrei der Wirte, das immer mit dem hau-hau-hau — lai-lai-lai endete. Sie hatte sich von Frau Lawson erklären lassen was das hieß: »Gut-gut-gut — kommt-kommt-kommt.«

Es begann für die schon am späten Nachmittag eintreffenden Karawanen aus den Bergen am Westtor und für die in die Berge zurückkehrenden am Osttor, durch die ganze kleine Stadt verteilte sich das Geschrei. Bis kurz vor Sonnenuntergang, wenn die Tore geschlossen wurden, die Innenstadt stiller wurde und das Rufen draußen vor dem Tor begann, wenn die Treiber, die für sich und ihre Tiere noch keinen Platz gefunden hatten oder die zu spät eintrafen, noch eine Herberge suchten.

Gladys hörte gespannt zu. Sie sehnte sich nach Arbeit. Aber das, was sie nun hörte, jagte ihr einen Schrecken ein. Frau Lawson fuhr nämlich fort:

»Und das auch so zu machen wie die chinesischen Wirte, Gladys, wird dein Geschäft sein, auch wenn du nicht so rund und fett bist wie sie.«

Sie lachten beide, denn Gladys war ein erbärmlich schmales Persönchen neben einem chinesischen Wirt. Aber dieses Lachen verging Gladys sehr schnell.

»Um alles in der Welt, Frau Lawson, was für ein

Geschäft ist das: die Köpfe der Tiere kraulen und sie in den Hof ziehen!«

»Nun, das wirst du schon fertigbringen!«

»Im Ernst?«

»Ja!«

Gladys schwieg.

»Was ist denn dabei?«

»Beißen sie auch nicht, diese Maultiere?«

»Wenn du die richtige Stelle kraulst, nicht.«

Gladys probte ganz leise vor sich hin, »hau-hau-hau — lai-lai-lai«, ein schauderhafter Gedanke war es, sich vorzustellen, wie sie nun draußen stehen sollte und Maultiere und ihre Treiber einfangen.

Aber zunächst brachte Frau Lawson sie auf andere Gedanken. Denn nun mußte das Gasthaus eingerichtet werden, und das war gar nicht so einfach.

Frau Lawson war eine alte Dame, und sie sah nicht aus, als hätte sie eine außerordentliche Begabung für Schreiner-, Schlosser-, Dachdecker- und Installationsarbeiten. Und Herr Lu, der Freund und Helfer, war zwar ein ausgezeichneter Mitarbeiter, aber es schien ihn nicht sonderlich zu bekümmern, daß sich die Tore nicht schließen lassen wollten und daß die Treppe zum ersten Stock einigermaßen unzuverlässig war. Doch Gladys, die hier einige Ansprüche stellte, da sie doch bisher immer in sehr guten Häusern in London gearbeitet hatte, brachte alle verfügbaren Arbeitskräfte in Schwung, und für die Begriffe jener fernen chinesischen Provinz war das Gasthaus nach kurzer Zeit bequem und gut eingerichtet.

Und nun stand Gladys wirklich draußen und wartete auf den ersten Maultierzug.

»Es wird nicht viel anders werden wie in Swansea, als ich Schwester beim Rettungswerk war«, sagte sich

Gladys. »Wenn nur die Maultiere nicht beißen!«

Sie hatte dem Ruf der chinesichen Wirte noch mit guter Begründung etwas angefügt, und das übte Gladys immer wieder vor sich hin: »Muyu bietche — muyu gudso — hau-hau-hau — lai-lai-lai!«

Da kam auch schon der erste Zug. Nun rief Gladys laut ein über das andere Mal »Muyu bietche — muyu gudso — hau-hau-hau — lai-lai-lai.« Zu dieser Ergänzung hatte ihr der Koch verholfen. So hieß das Ganze: »Wir haben keine Wanzen! Wir haben keine Flöhe! Gut! Gut! Gut! Kommt! Kommt! Kommt!«

Gladys kam sich vor wie der Portier am Savoy-Hotel in ihrer Heimat. Aber das, was sie ausrief, wird solch ein Portier wohl nicht auszurufen brauchen.

Sie ging auf das erste Tier dieser Karawane zu und kraulte es am Hals. Es war ein altes, gefügiges Tier. Sie brauchte nicht so sehr viel nachzuhelfen, denn es schien müde zu sein und war begierig, irgendwo Ruhe und Fressen zu finden. Der Treiber, der da hinterher trottete, schien auch kein anderes Interesse zu haben, denn er schaute trübselig auf die Erde und wartete auf eine kräftige Hand, die seine Tiere in den Stall zog. Als er aber in seiner Nähe dieses helle Rufen hörte, war er plötzlich wach. Entsetzt lief er davon. Denn was er vor sich sah, genügte, ihm Beine zu machen. Was wollte dieser fremde Teufel von ihm und seinen Tieren!

Die Maultiere aber hatten solche Bedenken nicht. Und was ein richtiges Maultier ist, denkt abends, nach einem Tagesmarsch durchs Gebirge, an nichts anderes mehr als an Ruhe und einen vollen Futtersack. So kam nach kurzer Zeit der Treiber wieder zurück und sah nach seinen Tieren. Andere Treiber kamen noch dazu und die eine und andere Karawane trottete müde und hungrig durch die schmale Pforte in den Hof.

Das neue Gasthaus wurde bald bekannt, denn die Maultiertreiber sind die Zeitungen in Nordchina. Von Horby bis Hornan sprach man von den ausländischen Damen. Bei ihnen war es sauber, man bekam gutes Essen, und jeden Abend erzählten sie lange Geschichten. Frau Lawson und Herr Lu entnahmen diese der Bibel, und Gladys hörte zu.

Von diesen beiden wurde Gladys unterrichtet. Sie war begierig, die Sprache zu lernen, um selbst mithelfen zu können.

Auch auf den Wegen in die Dörfer begleitete Gladys die beiden Freunde. Das geschah meist sonntags. Dann standen sie früh auf, und sobald die Stadttore geöffnet wurden, gingen sie hinaus. Diese Dörfer waren bisher noch nie von Missionaren besucht worden.

Von allen Seiten wurden sie dort oft derartig von Menschen bedrängt, daß sie sich schützen mußten, um nicht erdrückt zu werden.

Sie suchten dann einen freien Platz, und Frau Lawson sprach zu den Leuten. Alle verließen die Häuser. Die Ladenbesitzer stellten ihre Verkäufe ein, um zuzuhören. Man sah nichts als Menschen, Schweine und Hühner, die ihnen zwischen den Beinen herumliefen und ängstlich grunzten und gackerten.

Wenn die Dorfleute eine Weile zugehört hatten, erlaubten die Missionare, daß Fragen gestellt wurden. Die lauteten dann ungefähr so:

»Wie alt sind Sie?«

»Wie sind Sie miteinander verwandt?«

»Warum sind Sie hierhergekommen und von wo?«

Dann befühlten sie die Kleider, hoben die Röcke hoch, um zu sehen, was sie darunter trugen, und traten einige Schritte zurück, um die Füße zu bewundern. Gerade über die Füße unterhielten sie sich am meisten. Denn in dieser Gegend wurden die Füße der Frauen noch gebunden, und sie waren höchst erstaunt, daß es Frauen mit so großen Füßen gab, wie diese beiden Fremden sie hatten.

Wenn alle diese Zeremonien vorüber waren, konnten die drei ihre Arbeit fortsetzen.

Auch auf diesen Wanderungen durch die Dörfer erlebte Gladys Gottes Gegenwart. Einmal bemerkte sie, als sie der Rede Frau Lawsons aufmerksam zuhörte, wie die Missionarin innehielt und hilfesuchend um sich blickte. Eine plötzliche Schwäche hatte sie befallen, und sie fand die Worte nicht mehr. Da flehte Gladys zu Gott, daß er ihr beistehen möge; was sollte werden, wenn sie jetzt zusammenbrach? Da schien ihr, daß Gott mit ganz neuer Kraft geantwortet hatte, denn nun sprach Frau Lawson weiter. Und wie sie sprach!

Gladys verteilte bei solchen Gelegenheiten Traktate, das war alles, was sie vorläufig tun konnte.

Und was gäbe sie darum, wenn auch sie schon sprechen könnte! Zu Hause wurde Frau Lawson sehr krank. Das waren schwere Tage für Gladys, denn sie wußte nicht recht, wie sie helfen sollte. Da stand ihr Herr Lu in großer Treue zur Seite. Sie brachten die kranke Frau Lawson gemeinsam im Gebet vor den großen Arzt. Der nahm sich ihrer an und heilte sie.

Später, als sie noch einmal über diesen Schwächeanfall während ihrer Rede in dem Dorf sprachen, sagte sie: »Mir war so übel, ich fühlte, wie mich die Sinne verließen. Aber in dem Augenblick, da ich umzufallen drohte, strömten mir neue Kräfte zu. Ich weiß, da hat jemand für mich gebetet.«

Nachdem Gladys einige Wochen mit Frau Lawson gearbeitet hatte, schrieb sie nach Hause:

»Gestern habe ich in zwei Versammlungen gesungen.

Zweimal in jeder. Hätte ich mir das je träumen lassen, damals, als ich in England meine Lieblingslieder sang! Und nun singe ich sie hier in China. Ihr solltet sehen wie sie hören! Oft singe ich: König Jesu, streite, siege. Ihr wißt ja, daß es dann am Schluß heißt: ›Amen, amen, so rühmen wir und jauchzen Dir ein Halleluja für und für.‹ Halleluja wird im Chinesischen genauso ausgesprochen wie im Englischen. Dann stehen sie alle mit geöffnetem Mund, und wenn ich zum Schluß komme, warten sie mit größter Spannung darauf, um in das Halleluja mit einzustimmen. Das wirkt komisch, wenn man sie so stehen sieht mit ihren offenen Mündern. Aber es ist auch sehr ermutigend, denn es ist ihnen allen sehr ernst.

Mit der Sprache werde ich jetzt schon besser fertig, und ich glaube, daß es nicht mehr lange dauern wird, bis ich Frau Lawson und Herrn Lu helfen kann. Heute morgen habe ich zum erstenmal allein eingekauft, und es ging ganz gut. Ihr könnt Euch denken, wie ich mich über jeden kleinen Fortschritt freue.«

Bei ihren Sprachstunden mußte Gladys oft an ihre Bemühungen in London denken und an die letzten Worte des Schulleiters, der sie verabschiedet hatte. Und sie mußte ihm beipflichten, daß es eine schwere Sprache war und eine außerordentlich mühselige Angelegenheit, sie zu erlernen. Aber langsam, ganz allmählich, fand sie sich darin zurecht, und sie begann, die schwere chinesische Sprache zu sprechen.

Um sich zu üben, lernte sie einige Geschichten der Bibel auswendig und wiederholte sie abends, wenn die Maultiertreiber dasaßen und auf die Geschichten warteten. Denn das hatte sich schon herumgesprochen, daß für das Übernachtungsgeld in der Herberge der Fremden neben einem guten Lager — »frei von Wanzen, frei von Flöhen, gut, gut, gut« — und einem ordentlichen Essen abendliche Geschichten dargeboten wurden, und zwar ohne einen Pfennig Aufschlag.

Sie erzählte die Geschichten auch in den Versammlungen auf den Dörfern, und da die Chinesen gute Zuhörer sind, wurde sie angespornt, fleißig zu lernen, und es machte ihr mehr und mehr Freude. Ob die Lehrer in London diese Methode nicht kannten? Aber es fehlten ihnen ja sicher die lauschenden chinesischen Gesichter. Gladys fand, daß Chinesisch lernen in London wahrscheinlich weit mühseliger war als hier in den abgelegenen Dörfern.

Ehe ein Jahr um war, verstand sie fast alles, was um sie herum gesprochen wurde, und sie konnte sich verständlich machen.

Und ihr Vorrat an Geschichten wuchs.

Ein Brief von der Regierung

Gegen Ende des Jahres, während dessen Gladys nun schon in China weilte, wurde Frau Lawson krank.

Gladys pflegte sie mit den Mitteln, die ihr zur Verfügung standen. Es gab meilenweit keinen Arzt, den sie um Rat hätte fragen können. Der alten Dame hätte auch kein Arzt mehr helfen können, denn sie war aufgebraucht. In einem Alter, dem man in China schon mit hoher Ehrerbietung begegnet, hatte sie unermüdlich ihre Pionierarbeit in dieser chinesischen Nordprovinz betrieben. Nun war es genug.

Sie übergab ihr Werk Gladys Aylward mit den Worten: »Gott hat dich zu mir gesellt, Gladys, und er will, daß du das Werk an diesem Ort fortsetzt. Er wird dich versorgen, beschützen und segnen.«

Dann schloß sie die Augen und schlief ein, und wachte nicht mehr auf.

Da stand nun Gladys. Nach einem Jahr gemeinsamer Arbeit mit Hanna Lawson blieb sie als einzige Europäerin in diesem Teil Chinas zurück. Die gleiche kleine schmale Gladys Aylward, die den Londoner Pfarrern die Antwort schuldig geblieben war, als sie gefragt wurde, was sie in China tun wolle. Und die so einfältig angenommen hatte, das werde Gott schon wissen. Nun hatte es außer ihr doch noch einen Menschen gegeben, der glaubte, daß Gott sie nach China gerufen habe, denn Hanna Lawson hatte unmißverständlich gesagt: »Gott hat dich mir zugesellt, Gladys.« Und dieser eine Mensch war nun tot. Aber da blieb eine große Arbeit zurück, und an allen Ecken mußte Gladys hören: Gott hat dich hier hingestellt! In das Gasthaus, zu den Freunden der Mission in Yang Cheng, zu den Maultiertreibern, die abends die Geschichten hören wollten, zu den Leuten auf den Dörfern. Gott hatte sie hierhin gestellt, damit sie ihnen erzählte und mit ihnen sang und ihnen half, wo sie das nur konnte.

Das Gasthaus blieb weiter offen. Regelmäßig fanden auch weiterhin die Versammlungen in der kleinen Missionshalle statt, die in einem Raum der Herberge eingerichtet war. Gladys machte Hausbesuche. Sie besuchte Kranke; und alles, was sie von Erster Hilfe und Krankenpflege verstand, und was sie hier durch Hanna Lawson und Herrn Lu hinzugelernt hatte, wandte sie an. Mit Herrn Lu ging sie in die Bergdörfer und verkündigte auf den Marktplätzen das Evangelium von Jesus.

Gladys hatte nach dem Tode Hanna Lawsons Ursache, sich über ihre wirtschaftlichen Verhältnisse Gedanken zu machen.

Das Gasthaus trug sich gerade eben. Die Preise waren

auf ein Minimum festgesetzt, denn es mußte ja mit anderen Herbergen konkurrieren. Es warf also keinen Gewinn ab. Das kleine Privateinkommen Frau Lawsons hatte für Herrn Lus Gehalt und den Unterhalt der beiden Frauen gereicht. Das waren nur wenige Pfunde im Jahr. Aber das Geld Hanna Lawsons war nun zu Ende. Und Gladys hatte überhaupt kein Geld, auch keine wenigen Pfunde. Da erhielt Gladys hohen Besuch.

Der Mandarin trat durch die kleine Pforte der Herberge. Er kam, um Gladys zu besuchen. Er war der mächtigste Mann von Yang Cheng und herrschte über die Stadt und die Dörfer in ihrer Umgebung. Er war verantwortlich für die Aufrechterhaltung der Ordnung, dafür, daß die Gesetze befolgt wurden, und bewohnte das prächtigste Gebäude der Stadt, den Yamen.

Gladys dachte scharf nach, aus welchem Grunde ihr dieser hohe Besuch wohl zuteil wurde. Ein Antrittsbesuch konnte es nicht sein, denn noch als Hanna Lawson lebte, hatten sie sich gegenseitig bereits eingeladen. Gladys dachte noch mit zwiespältigen Gefühlen an die Begrüßungszeremonien, die jedesmal in Form von unzähligen Verbeugungen vor sich gegangen waren. Sie hatte immer einen Schritt hinter Frau Lawson gestanden und genau aufgepaßt, wie tief und wie oft sie sich verbeugen mußte. Aber die beiden Damen hatten ein gutes Verhältnis zum Mandarin und sie hoffte, er werde ihr einige Fehler nicht gar zu sehr verübeln.

Nach der formellen Begrüßung und den umständlichen Beileidsbezeugungen betreffs des Todes der Missionarin kam der Mandarin zur Sache. Er zog aus den Falten seines prachtvollen Seidengewandes einen Brief. »Ich habe hier ein Schreiben von der Regierung bekommen, von der neuen Regierung, wissen Sie, und es macht mir zu schaffen. Die Regierung schreibt vor, daß das Verschnüren der Füße der Frauen in ganz China eingestellt werden soll.«

»Das ist doch eine gute Sache«, warf Gladys ein. »Die armen Frauen tun mir schon lange leid mit ihren verkrüppelten Füßen.«

»Nun ja, ich will es Ihnen glauben«, fährt der Mandarin fort, »das macht mir auch nicht so große Schwierigkeiten. Aber die Regierung macht mich persönlich für die Beseitigung dieser Sitte, die ja uralt ist, verantwortlich. Ich muß also in diesem Teil der Provinz dafür sorgen, daß sie abgeschafft wird.«

»Oh, ich verstehe.«

»Sicher, aber Sie sehen nicht die Schwierigkeiten. Das ist immer so. Die Regierung faßt die Beschlüsse und ich muß sie ausführen. Aber wie kann ich diese Verordnung ausführen. Ich kann unmöglich die Füße der Frauen inspizieren. Das geht gegen alle Sitten. Das muß eine Frau tun! In diesem Distrikt aber gibt es keine Frau mit unverschnürten Füßen außer Ihnen, Gladys Aylward. Sie sind die einzige Frau, die große Füße hat.«

»Da haben wir's! Und ich habe doch nur Schuhgröße 36! – Und was kann ich für Sie tun, Mandarin?«

»Deshalb bin ich zu Ihnen gekommen, um mit Ihnen darüber zu sprechen. Wollen Sie nicht Fuß-Inspektorin werden, Frau Aylward? Sie müßten durch diesen Teil der Provinz reisen, die Regierung würde Ihnen ein Maultier stellen und zwei Soldaten zur Begleitung. Das Gehalt ist allerdings sehr gering: ein Maß Hirse pro Tag und ein Heller für das Gemüse.«

Das war eine völlig neue Situation. Gladys stand vor dem Mandarin. Er war der mächtigste Mann in diesem Teil der Provinz. Er hatte hier zu befehlen und für Recht und Ordnung zu sorgen. Und wenn er fragte oder bat, dann war das ein Befehl, zumindest für seine Landsleute, die ihm hier untergeben waren. Und Gladys fühlte mit einem richtigen Instinkt: nicht weniger für sie, die einzige Europäerin, die hier unter seiner Herrschaft stand.

Worauf hätte sich Gladys je berufen können und wo hätte sie Hilfe finden können, wenn der Unwille des Mandarins ihr die Freiheit in ihren Unternehmungen beschnitten hätte?

Der Mandarin war nicht gekommen, um sich mit ihr über seine Nöte zu unterhalten und sich von ihr raten zu lassen. Der Mandarin war gekommen, um ihr zu sagen, daß sie jetzt — für ein Maß Hirse pro Tag und einen Heller für das Gemüse — in Begleitung zweier Soldaten auf einem Maultier in die Dörfer reisen mußte. Da blitzte in Gladys ein heller Gedanke auf.

»Sie müssen wissen, Mandarin, daß ich nach China gekommen bin, um das Wort des Gottes, an den ich glaube, unter ihr Volk zu bringen. Ich möchte gern auf Ihr Angebot eingehen, aber nur, wenn ich auch diese Tätigkeit dabei fortsetzen darf. Das heißt, ich würde die Gelegenheit wahrnehmen und gleichzeitig in den Dörfern predigen.«

Im Gesicht des Mandarin bewegten sich, kaum wahrnehmbar, ein paar Fältchen um die Augen.

»Ich kann das verstehen und akzeptiere das. Bitte tun Sie, was Sie für richtig halten, ich werde Sie nicht hindern. Ich selbst bin religiös uninteressiert. Und im übrigen muß jeder selber wissen, zu welchem Gott er betet.

Nach der Ansicht der jetzigen Regierung würde Ihre Arbeit einen Fortschritt bedeuten, denn sobald eine chinesische Frau Christin ist, verschnürt sie ihre Füße nicht mehr.«

»Gut, ich gehe auf Ihren Vorschlag ein!«

Und damit war Gladys Fußinspektorin für Yang Cheng und Umgebung.

FUSS-INSPEKTORIN AI-WEH-DEH

Schon am nächsten Morgen warteten die zwei Soldaten mit dem Maultier im Innenhof der Herberge. Mit ihnen machte sich die Fuß-Inspektorin im Namen der Regierung auf in die Dörfer der gebirgigen Provinz.

Sobald sich der kleine Trupp einem Dorfe näherte, gingen die Soldaten voraus und holten alle Bewohner aus den Häusern, von den Feldern, aus den Gärten und riefen sie auf den Platz, an dem die Wäsche gewaschen wurde. Denn das war ohnehin der Sammelpunkt für die Dörfler.

Dort wurden sie aufgestellt, jung und alt, fein säuberlich in Reih und Glied. Niemand durfte fehlen. Inzwischen war auch Gladys nachgefolgt, und nun sah sie in die ein wenig ängstlichen und überaus neugierigen Augen der Leute. Doch diese hatten nicht viel Zeit, sich den fremden Teufel zu besehen, denn sie hatten auf das zu horchen, was die Soldaten bekanntgaben. Nämlich, daß nach der Vorschrift der Regierung das Verschnüren der Füße nun verboten sei und in Zukunft bestraft werden müsse.

Vor allem den Männern mußte das eindringlich klargemacht werden, denn sie sahen es gern, wenn ihre Frauen kleine Füße hatten. So scharrten sie denn auch bei dieser Ankündigung unwillig mit den Füßen.

»Wenn ein Mann nicht dafür sorgt, daß seine Frau die Füße aufbindet, oder wenn ein Vater erlaubt, daß seine Tochter noch länger verschnürte Füße hat, wird er ins Gefängnis geworfen«, verkündigten die Soldaten so laut sie konnten, und dann wiesen sie auf Gladys.

71

»Ai-weh-deh ist Regierungs-Fuß-Inspektorin. Sie muß die Füße aller Frauen sehen. Jede Frau, die sich weigert, ihre Füße zu zeigen, wird bestraft.«

Das war deutlich genug. Dann ergriff Gladys das Wort. Ai-weh-deh, wie die Chinesen sie nannten. Das hieß: Schale der Tugend.

Sie erzählte ihnen zunächst eine Geschichte oder irgendein Märchen. Sehr oft auch suchte sie nach etwas Lustigem, womit sie die Dorfbewohner zum Lachen bringen konnte. Dann brachte sie ihnen einen Liedervers bei und erklärte ihnen während des Lernens den Sinn der Worte. Am meisten liebten die Leute das Lied, und sie sangen es mit Begeisterung:

> Neunundneunzig Schafe lagen schon
> auf der Himmelsweide dort.
> Doch eins war fern und gar weit entfloh'n,
> ja, weit von dem Hirten fort.
> Weit weg im Gebirge, wild und rauh,
> weit weg von des Hirten seliger Au.

Das war den Frauen so interessant, und Gladys freundliche Art weckte in ihnen ein solches Zutrauen, daß sie auch dem nächsten Teil ihres Programmes folgten, denn erst nach dieser Einleitung kam Gladys auf die Füße zu sprechen. Sie begann fast überall mit den gleichen Worten:

»Jungen und Mädchen haben die gleichen Füße. Wenn sie geboren sind, freut ihr euch darüber, wenn die Füße gesund sind. Und wenn so ein kleines Mädchen mit einem verkrüppelten Fuß geboren würde, würdet ihr sehr traurig sein. Gott wollte nicht, daß die Mädchen kleinere Füße haben sollten als die Jungen. Sonst hätte er sie kleiner geschaffen. Aber das tat er nicht. Er machte sie alle gleich, und so müssen sie auch bleiben. Darum wird die Regierung von jetzt an jeden bestrafen, der die Füße bindet. Laßt mich euch nicht mehr mit gebundenen Füßen antreffen!

Und ihr Männer müßt wissen, daß die Soldaten jeden von euch abführen werden, der nicht dafür sorgt, daß die Füße eurer Frauen und Töchter aufgebunden werden. Wenn ihr nämlich auf solchen Füßen gehen müßtet, so würdet ihr bald verstehen, warum das nicht mehr sein darf. — Und nun fort mit euch Männern, ich muß jetzt die Füße der Frauen nachsehen!«

Den älteren Frauen freilich konnte nicht mehr geholfen werden. Wohl aber den Frauen und Mädchen bis zu 20 Jahren.

Sie mußten ihre Füße losbinden, und zwar in Gladys Gegenwart. Zuerst sträubten sie sich, aber die Soldaten drohten: »Entweder löst ihr eure Füße oder ihr marschiert ins Gefängnis. Ihr habt die Wahl. Im Gefängnis ist es nämlich sehr gemütlich, versteht ihr?«

Dann lachten sie und lösten auch ihre Füße.

Das ging aber nicht immer lachend vor sich, denn es war schmerzhaft, die Füße an eine andere Lage zu gewöhnen als die, die ihnen seit ihrer ersten Kindheit aufgezwungen war. Gladys mußte massieren, mußte trösten und helfen, damit die Frauen bei diesen Unbequemlichkeiten nicht verzagten.

Ihre Herzlichkeit half ihr, den Abstand zu überwinden, den ihr fremdartiges Aussehen und ihre amtliche Funktion hier schafften. Das war auch nötig, denn Gladys hatte ja noch mehr vor.

Abends kamen dann die Dorfbewohner in das Haus, darin Gladys die Nacht verbringen sollte. Sie fragten, woher Gladys käme, wie es dort aussähe und was sie hier in ihrer Provinz zu tun hätte. Gladys gab geduldig Auskunft, und dann wartete sie auf die kleine Pause, in der sie dann mit ihrer Geschichte begann.

Es waren die wunderbaren Geschichten der Bibel. Von dem Mann, der seinen Vater verließ; der sein Erbe mitnahm und auszog in ein fremdes Land und dort verkam. Und dessen Vater ihm alles vergab, als er zurückkehrte.

Und die Geschichte des Jungen, der von seinen Brüdern verkauft wurde und ein großer Mann im fremden Land wurde und dort seinen Vater und seine Brüder aufnahm und ihnen über die Hungersnot half.

Und immer wieder erzählte sie von dem Einen, der die Welt so liebte, daß er kommen mußte, um sie zu erlösen. Von seinen Wanderungen durch die Dörfer erzählte sie, wie er die Mesnchen heilte, und wie er selber starb, um sie zu retten.

Unerschöpflich war der Geschichtenvorrat Gladys. Und wenn die Leute baten, sie möchte ihnen doch noch mehr erzählen, so kam sie nie in Verlegenheit. Es waren ja nicht mehr auswendig gelernte Geschichten, Geschichten, die für ihr mageres Chinesisch gerade noch gereicht hätten, wie vor einigen Monaten; sondern sie holte ihre Themen jetzt direkt aus dem unerschöpflichen Vorrat der Bibel selbst. Das beglückte sie, wie sie noch nie eine Arbeit in ihrem Leben beglückt hatte.

Gladys lehrte ihre Zuhörer auch Lieder, kurze Chorusse oder auch die Evangelisationslieder, die sie von Zuhause kannte und die sie in chinesischen Übersetzungen bei den Damen in Tsechow oder durch Frau Lawson gehört hatte. Sie verbrachte viel Zeit mit der Erklärung der Texte, denn auch das war ein Stück ihrer evangelistischen Arbeit.

Und wenn dann in jenen Gebirgsdörfern, in denen Gladys gerade tätig war, die Sonne unterging, konnte man die Melodien von Evangelisationsliedern hören

und das Lachen, das Ai-weh-deh's Geschichten begleitete.

Bald war Gladys in allen Dörfern bekannt und, sie
spürte es mit großer Freude, gern gesehen. Man nannte
sie die Geschichtenerzählerin, und ihre Erzählungen
gingen von Mund zu Mund. Sie wurden abends in den
Familien wiederholt, wenn sie schon längst in einem
anderen Dorf erzählte, inspizierte und Lieder lehrte.
Wenn sie sich einem Dorf näherte, konnte es sein, daß
sie ihre Lieder von den Feldern hörte, wo die Bauern
bei der Arbeit waren.

So führte Gladys den hohen behördlichen Auftrag
aus und wußte sich gleichzeitig tätig im Auftrag der
höchsten Instanz unter dem Himmel. Viele Chinesen
lernten diese Instanz kennen, und sie glaubten an Ihn.
In fast jedem Dorf entstand eine kleine Gruppe, die
den Anfang einer festen Gemeinde bildete. Das Evangelium breitete sich aus, und wo seine Friedensbotschaft
geglaubt wurde, hörten sie auf, die Füße zu binden;
Laster und Elend ließen nach und vor allem das in allen Häusern verbreitete Opiumrauchen. Und wer diese
Friedensbotschaft aufgenommen hatte und nun glaubte, daß Jesus ihn von alledem und von noch viel größe-
rer Last erlöste hatte, konnte nicht schweigen. So wurde
das Evangelium weitergetragen, von Haus zu Haus.

Gladys Werk wuchs. In einem Brief nach Hause, den
sie einige Jahre später schrieb, heißt es:

»Den größten Teil meiner Zeit hier bringe ich damit
zu, daß ich von Dorf zu Dorf wandere. Es ist ein großes
Gebiet, dieser von Yang Cheng aus beherrschte Teil
der Provinz. Aber ich meine, schon alle Leute kennten
mich jetzt und sie seien meine Freunde. Viele haben
sich bekehrt.

Mir wird dieses Land ein Stück Heimat. Es ist wirklich mein Land, und ich gehöre zu diesem Volk. Das empfinde ich ganz stark, wenn ich zu ihnen komme und mit ihnen spreche. Ich lebe ganz wie eine chinesische Frau, trage chinesische Kleider, esse die Speisen, die hier gegessen werden, spreche die Sprache dieser Menschen, sogar ihren Dialekt, und fange an, wie sie zu denken. Ich bin arm wie sie und ich meine, wir gehörten zusammen. Ich habe ein Gesuch eingereicht, mich naturalisieren zu lassen.«

1936, vier Jahre nachdem sie England verlassen hatte, wurde Gladys Aylward naturalisiert, und ihr eingetragener Name lautete Ai-weh-deh.

In diesen Jahren wurde der Mandarin ihr vertrauter Freund. Sie führten lange und ernste Gespräche miteinander, und der Mandarin war sehr wißbegierig. Über alle Dinge des Londoner Lebens mußte sie ihm berichten. Sie kamen auf die Unterschiede in den Sitten und im Denken der Völker.

Er fragte sie auch nach Einzelheiten ihrer Reise, und immer wieder kamen sie irgendwie auf die Gründe ihrer Missionsarbeit in diesem entlegenen Winkel Chinas.

In vielen Dingen konnte er Gladys und ihr westliches Denken nicht verstehen.

Eines Tages meinte er: »Sie schicken Ihre Missionare in unser Land, das doch eine viel ältere Kultur hat als das Ihre. Ich kann das eigentlich nicht verstehen. Sie halten uns für eine heidnische ungebildete Nation, nicht wahr, Ai-weh-deh?«

»Nicht unbedingt«, war Gladys knappe Antwort.

»Wir pflegen und hüten uralte Kunst, wir haben eine bedeutende Philosophie hervorgebracht, Chinas Mandarinsprache ist klangvoller und bilderreicher als irgendeine andere Sprache der Welt. Unsere Poeten sangen chinesische Lieder, als Britannien nur ein felsiger

Vorposten war am anderen Ende der zivilisierten Welt. Und nun kommen Sie, um uns zu einer neuen Religion zu bekehren. Ist das notwendig?«

Gladys hörte aus diesen Worten etwas heraus, das verletztes Ehrgefühl sein konnte, aber auch ein aufrichtiges Fragen und Suchen.

Sie ging vorsichtig zu Werk.

»Schauen Sie durchs Fenster, Mandarin«, antwortete sie. »Sehen Sie den Kuli dahinwanken unter seiner Last? Sehen Sie dort drüben den Blinden hocken? Denken Sie an die Kinder, die hier für Geld gehandelt werden und an die anderen, die frieren und hungern und denen niemand hilft, wenn sie krank sind und sich nicht selber helfen können. Was halten Sie von den Frauen, die keine Söhne bekommen können und die nun rechtlos verstoßen werden. Was wird aus ihnen? Hat Ihnen das noch nie Not gemacht?«

Gladys hielt inne. Sie fürchtete, zu scharf geworden zu sein und sah etwas ängstlich dem Mandarin in die Augen.

Der aber wußte, daß es hier nicht um einen Angriff ging, sondern um die Fragen einer Frau aus einer anderen Welt. Was sollte er ihr antworten?

»So war es immer in China, und so wird es immer bleiben. Die Götter wollen es so.«

»Aber mein Gott will es nicht so.« Gladys sagte dies fest und bestimmt, aber mit einer großen Wärme in der Stimme. »Mein Gott will Hoffnung in den Augen der Menschen sehen und Glück. Und er bringt ihnen dieses Glück, allen Menschen bringt er es. Auch ihrem Volk.«

Der Mandarin lächelte.

»Ai-weh-deh, Ihre Bemühungen, auf Chinas Gewissen einzuwirken, sind mit einer Mücke zu vergleichen, die beim Berühren der Meeresoberfläche einen winzigen Wellenring verursacht!«

»Der Sohn Gottes wurde vor zweitausend Jahren geboren. Wer hätte gedacht, daß ich um der Welle willen, die er erzeugt hat, jetzt hier sein muß, viele hundert Jahre später und viele tausend Meilen von meinem Geburtsland entfernt!«

»Sie haben sich die Feinheiten unserer Sprache sehr schnell angeeignet, Ai-weh-deh!« sagte der Mandarin anerkennend und sah Gladys mit einem warmen Lächeln an.

»Ich glaube, ich verstehe sie besser als meine eigene Muttersprache. Wahrscheinlich, weil ich hier gebraucht werde, weil ich hierhin gehöre!«

Der Mandarin hatte ihr erlaubt, das Gefängnis von Yang Cheng regelmäßig zu besuchen. Gladys sah dieses Entgegenkommen als eine Aufgabe an und als eine Gelegenheit, auch hier von Gottes Erbarmen Zeugnis abzulegen. Die Bilder dort drückten sich ihr unvergeßlich ins Gedächtnis ein.

Der Wärter führte sie immer durch eine schwere Eisentür und einen dunklen Gang in den Hof des Gefängnisses, von dem aus sie die einzelnen Zellen erreichte. Die Zellen waren kleine, vergitterte Gehäuse, kalte Steinmauern ringsum, und sie öffneten sich auf den kleinen grauen, kahlen Hof.

Die Männer hatten, so lange sie in diesen Mauern saßen, nur ihre grauen Wände und den grauen Hof vor Augen. Sie bekamen knappes Essen und waren ohne alle Pflege. Aus ihren Augen sprach nichts als Not und Hoffnungslosigkeit. Sie erfuhren kein Erbarmen, und so war auch jeder milde Zug aus ihrem Gesicht gewichen. Wie verwahrloste Tiere saßen sie da.

»In meinem Land würde man solche Zustände, wie ich sie hier sehe, nicht dulden«, sagte Gladys zum Mandarin.

»Es sind Verbrecher, Ai-weh-deh!«

»Auch bei Verbrechern nicht. Und was soll aus diesen Menschen werden? Sie bleiben doch nicht alle lebenslänglich hier, und wenn ein solcher Mann entlassen wird — wie soll er noch ein menschliches Verhältnis zu seiner Umwelt finden? Er wird sie hassen, hassen, hassen. Er wird auch nicht mehr wissen, wie er sein Leben neu gestalten soll. Ihr laßt sie hier nicht arbeiten. Sie sitzen nur und warten auf das Essen. Und träumen von Rache. Sie werden schlimmer als sie waren, in diesen Häusern, Mandarin.

Und wodurch sind sie zu Verbrechern geworden? Diese Armen, diese Schmutzigen, Halbverhungerten und Schiffbrüchigen? Hat jemals einer versucht, ihnen zu helfen, bevor sie sich mit Gewalt selber halfen? Und sie werden weiter Verbrecher bleiben, hier in diesem Gefängnis und überall dort, wohin sie kommen, wenn sie entlassen sind.«

»Man muß hart sein können in unserem Land.«

»Ja, das muß man«, pflichtete Gladys dem Mandarin bei. Gleichzeitig dachte sie aber daran, wie sie den Gefangenen Medizin und Lebensmittel brachte; dafür hatte ihr das Geld gefehlt. Sie war zum Mandarin gegangen, um ihn darum zu bitten, und er hat es ihr gegeben. Freilich, es hatte auch damals dieses leise Lächeln um seinen Mund gespielt, und sie hatte nicht den Eindruck, daß er es aus Barmherzigkeit gegen die Gefangenen getan hätte; sondern, weil sie ihn darum bat. Sie hatte ihm dann immer berichtet, wenn sie aus dem Gefängnis zurückgekommen war; wie sich die Gesichter der Männer veränderten und wie sie zuhörten, wenn sie ihnen ihre Geschichten erzählte. Freilich war es zunächst nur eine schöne Unterbrechung, einmal Geschichten zu hören. Wann hatten diese Männer zum letztenmal eine Geschichte gehört, die nicht Verbrechen, nicht Mord und Totschlag, Diebstahl und Kindesentführung hieß. Und nun kam eine Frau zu ihnen, eine von den »fremden Teufeln«, und erzählte ihnen Geschichten und konnte sich nicht genug tun damit, zu betonen, daß diese Geschichten ihnen gälten, ihnen, den Männern in diesen grauen Käfigen. Und wie sie anfingen, sich bestimmte Geschichten zu wünschen, die ihnen Gladys wiederholt erzählen mußte.

Das alles hatte sie dem Mandarin berichtet.

Hart sein mußte man, man durfte sich nicht von ihnen täuschen lassen. Bei den ersten Besuchen mußte sie sich energisch gegen manche Bosheit dieser Männer wehren.

»Das bedeutet aber nicht«, fuhr sie fort, »daß man diese Menschen nun wie Schweine oder schlimmer noch behandeln soll. Auch sie sind in Gottes Erbarmen eingeschlossen. Das ist gewiß immer so gewesen, aber man kann es jetzt schon ein bißchen sehen, Mandarin.«

»Sie bedauern uns, Ai-weh-deh?«

»Ich bedaure, daß Gottes Liebe nicht in Ihr Herz ausgegossen ist«, sagte Gladys leise. »Jesus sagt: wenn wir die Gefangenen besuchen, die Nackten bekleiden, die Hungrigen sättigen und uns der Waisen und Witwen annehmen, dann tun wir das für ihn. Er sagt: Insofern ihr es einem dieser Kleinen getan habt, habt ihr es mir getan.«

»Darum nahmen Sie vor einigen Wochen das Baby auf?«

Gladys schaute überrascht auf. Armes kleines Würmchen, dachte sie, und gleichzeitig wunderte sie sich, daß der Mandarin noch einmal darauf zurückkam. Denn als sie damals darüber sprachen, hatte sie mit harten Worten über diese Mißstände mit ihm gesprochen, so daß sie hinterher gefürchtet hatte, sie wäre in ihrem Angriff zu weit gegangen.

Sie hatte das Kind auf der Straße gesehen, auf dem Pflaster kroch es dahin. Ein armseliger kleiner Wurm, schmutzverkrustet und deformiert. Kein Mensch schien dafür zuständig zu sein, und Gladys, die gerade auf dem Heimweg war, kam an dem kleinen Wesen nicht vorbei. Sie nahm es mit und wusch es. Unter dem Grinsen ihres Kochs, der eine solche Anwandlung durchaus nicht verstehen konnte, und der schon mehr als eins von diesen chinesischen Kindern tot auf der Straße gefunden hatte, legte sie es auf eine Matte und flößte ihm Tee ein. Mit allem, was ihr zur Verfügung stand, pflegte sie diesen kleinen Todeskandidaten und war glücklich, als sie die ersten kleinen Erfolge ihrer Bemühungen feststellen konnte.

»Hätten wir diesen Kleinen nicht zufällig entdeckt, er hätte sich in eine Ecke verkrochen und wäre gestorben.«

»Auf diese Weise sterben Kinder hier jeden Tag. Tausende von Kindern sterben so in China. Sind Sie jetzt seine Mutter?«

»Ja, ich bin nun seine Mutter.«

Eine kleine Weile dachte der Mandarin nach, dann sagte er, und Gladys fand diesmal nicht das überlegene Lächeln wie sonst und auch nicht den leisen Spott.

»Wir brauchen Sie in unserer Provinz, Ai-weh-deh. Sie pflegen die Kranken. Sie helfen bei Geburten. Sie predigen unseren Verbrechern und senkten einen Strahl der Liebe in ihre Herzen, als sie zu verhärten drohten. Und sie helfen ihnen, wenn sie in Nöten sind. Sie betreuen unerwünschte Kinder. In jedem einsamen Dorf, in jeder Bergspalte werden Sie willkommen geheißen. — Er muß sehr, sehr stark sein, Ihr Glaube, Ai-weh-deh.«

»Er hat die Last und die Not und die Anfeindungen von zweitausend Jahren getragen, Mandarin, und er hat gesiegt!«

Nachdenklich blieb der hohe Staatsbeamte zurück, als Gladys ging. Zu Hause wartete das kleine Findelmädchen auf seine Mutter Ai-weh-deh.

DER KRIEG KOMMT IN DIE BERGE

Nachdem Johanna Lawson von ihr gegangen war, hatte sich Gladys ab und zu nach Tschow begeben, um die beiden alten Missionarinnen dort aufzusuchen, denen sie wie älteren Schwestern begegnete und mit denen sie, wenn sie nur irgend konnte, ihre Erfahrungen austauschte und um Rat fragte. Auch den beiden Damen waren ihre Besuche immer lieb, denn ihre Freundschaft mit Hanna Lawson hatten sie auf Gladys übertragen, und die in allen Dingen sichtbar werdende Liebe Gladys zu China und besonders zu den Bauern dieser Provinz verband die beiden Damen mit ihr. Umso schmerzlicher war es für Gladys, als Frau Smith, die seit einiger Zeit allein noch die Tschow-Mission versorgte, auf dem Wege nach Yang Cheng erkrankte und ganz kurz darauf starb.

Es war ein Jahr nach ihrem Tode, da kamen Herr und Frau Davis und übernahmen die Station in Tschow. Gladys war hingefahren und lernte in diesen beiden jungen Missionaren prachtvolle Menschen kennen, deren Freundschaft sie sich schnell und ohne viele Umstände sicherte. In großen Zeitabschnitten, es konnten Monate darüber vergehen, besuchten sie sich. Und diese Besuche waren für Gladys ein freundlicher Ersatz für die Kontakte mit den alten Damen.

Das war die Zeit, in der dann und wann dunkle Gerüchte die alte Maultierstraße entlangzogen und ein paar Fetzen Wahrheit auch in Yang Cheng hängen ließen.

Es war Krieg zwischen China und Japan. Die Menschen im Inneren des Landes wußten nur wenig oder gar nichts von ihm, denn er beschränkte sich hauptsächlich auf die Küstenebenen. Das, was Reisende oder die Maultiertreiber nach Yang Cheng brachten, hörte sich an wie eine der vielen Geschichten, die sie sich abends erzählten, und die Leute von Yang Cheng machten sich wenig Sorge um das, was weit weg an der Küste geschah. Als es hieß, daß die Japaner näherrückten, hielt man dies für eine große Übertreibung.

Bis eines Tages leuchtende metallene Vögel über der Stadt kreisten. Das waren japanische Bombenflugzeuge. Sie zerstörten einen großen Teil der Stadt. Auch die Herberge Ai-weh-dehs und alles was sie besaß. Es lag in Trümmern. Ein Brief aus jenen Tagen schildert, was Gladys durchmachte und empfand:

»Liebe Mutter und lieber Vater! Ich bin so erschüttert und mein Herz ist ganz krank, daß ich kaum schreiben kann. Vor einem Monat kamen die japanischen Flieger über die Berge. Es war morgens 10 Uhr — kleine silberne Vögel, die in der Sonne glitzerten. Alle Leute rannten aus ihren Häusern, weil sie nie vorher ein Flugzeug gesehen hatten. Sie jubelten und winkten ihnen zu. Dann neigten sich die Flugzeuge nach vorn und senkten sich auf die Stadt herab. Und dann warfen sie ihre Bomben. Wir hielten gerade unsere Morgenandacht, als eine unser Haus traf. Was dann geschah, weiß ich nicht. Bis sie mich unter den Trümmern hervorzogen, das war einige Zeit später. Ich kroch zurück ins Haus, um den kleinen Verbandskasten zu suchen, den ihr mir mitgegeben hattet. Er enthielt nur noch einige Bandagen und eine Flasche Jodin. Aber in der

Stadt waren hunderte von Sterbenden und Verwundeten. Es war schrecklich. Es zerriß einem das Herz.«

Gladys war kaum wieder recht bei Sinnen, als sie
sich aufmachte, um in der Stadt nach dem Ausmaß der
Verwüstung zu sehen. Die Bilder, die sich ihr dort boten, haben sie nie mehr verlassen. Es sammelte sich in
ihr eine solche Empörung an, daß sie mit energischer
Stimme alle die zusammenrief, die noch eine Hand oder
ein Bein rühren konnten. Sie kannte viele mit Namen
und gab ihnen den Auftrag, hier Trümmer wegzuräumen, um einen Begrabenen hervorzuholen, dort Gefah-
renstellen abzudichten, Verwundeten Wasser zu bringen und sie mit überall herbeigesuchten Tüchern zu
verbinden, und die Toten aus dem Weg zu räumen.

Sie fand Kinder auf der Straße herumstreunen wie
junge Hunde, ohne Ziel, mit dem Hunger in den Augen.
Sie fand Säuglinge, die in irgend welchen Winkeln wie
abgelegte Wäschebündel lagen. Anscheinend waren sie
nur geboren worden, um zu sterben. Sie rief Frauen
herzu, die ihre eigenen Kinder hatten sterben sehen
oder die sich wegwanden von den Trümmern, unter denen sie lagen, und gab ihnen neue Aufgaben an diesen fremden Kindern, von denen man nicht wußte, wo
ihre Mütter zu finden waren.

Gladys war völlig untergetaucht in dieser Rettungs-
und Aufräumungsaktion. Der Staub hing ihr im Haar
und in den Kleidern, in den Winkeln ihrer Augen und
bedeckte ihr Gesicht. Sie hatte nicht einen Gedanken
frei für die Gladys Aylward und ihre Herberge an der
Stadtmauer und an das, was unter den Trümmern dort
lag. Menschen lagen dort nicht, und so ging sie weiter
und suchte nach Menschen. Unter Balken und Steinen
und in eingeschlossenen Höfen. »Das schafft Erleichterung und läßt uns überhaupt erst alles ertragen«,

schreibt sie nach Hause. Auf dem Weg, den die Säuberungsaktion sie führte, traf sie auf den Mandarin, dann auf den Gefängnisdirektor und auf viele bekannte Gesichter, die wie sie mit einer grauen Maske aus Staub und Schweiß bedeckt waren. Gemeinsam kamen sie dann zu einer systematischen Arbeit, für die sich nach und nach die ganze Bevölkerung der kleinen Stadt anbot.

Nach dem Angriff verlegte Ai-weh-deh ihre Wohnung in die Station eines Missionars, der sich vor einiger Zeit in Yang Cheng niedergelassen hatte und der sie gern aufnahm.

Von dort aus nahm sie auch wieder ihre Wanderungen in die Dörfer auf. Nicht mehr als Fußinspektorin, denn diese Arbeit war inzwischen abgeschlossen. Nun ging sie nur noch als die, die Geschichten erzählte und Lieder lehrte und nichts mehr ersehnte, als daß da und dort einer wach wurde für die Botschaft von Jesus.

Manchmal ging auch Dr. Sing, der Missionar, mit ihr. Manchmal nahmen sie zwei oder drei von den Kindern mit, die in der Missionshalle untergebracht waren, denn das kleine Mädchen war nicht mehr die einzige Tochter der Gladys. Kinder waren nun billig zu haben. Und da sich herumsprach, daß bei Ai-weh-deh der Tisch gedeckt wäre und daß das Mittagessen immer für mehr reichte als für die, die dort gerade saßen, hatte Gladys keine Anstrengungen mehr machen müssen, hungernde Kinder hereinzuholen, denn sie kamen von selbst.

Gladys dehnte ihre Missionsreisen weit aus, und mehr als einmal kam sie dabei in ein Dorf, das von Japanern besetzt war. Da kam es vor, daß auch japanische Soldaten ihre Versammlungen besuchten. Die verstanden zwar kein Chinesisch, fielen aber doch in ihre Lieder mit ein. Zwei von ihnen, die auf einer solchen Reise einmal zu ihr stießen, waren Christen. Sie kannten die Melodien und sangen dazu ihren eigenen Text.

Gladys wurde auf solchen Reisen wenig angefochten. Sie ging nicht wie ein Held durch die Fronten des Krieges, sondern oft mit einem zitternden Herzen. Aber immer wieder tauchte sie ein in den Frieden Gottes und wußte sich von seinen starken Armen geschützt. Das bekannte sie auch mit großem Freimut, wohin sie auch kam. Und da kein Wort dabei übertrieben war, fand sie Glauben. Diese Glaubwürdigkeit half ihr in ihrer Arbeit als Evangelistin.

Yang Cheng war geräumt worden. Die Japaner waren auf dem Wege zur Stadt, und die schon durch die Bomben aufgescheuchten Bewohner suchten eine Bleibe in den Dörfern ringsum. Wer dort keine Verwandten hatte, verzog sich in die Höhlen der Berge.

Auch Gladys war mit ihren Helfern und Kindern in die Berge gezogen nach Bei chai chuang, einem kleinen Dorf, das aus acht Häusern bestand, von einer Mauer umgeben war und völlig einsam etwa 10 Kilometer von Yang Cheng entfernt lag, in einer wenig einsichtigen, windgeschützten Gegend.

Die Bauern hatten Gladys freundlich aufgenommen. Das war für Gladys eine große Beruhigung, denn sie brachte immerhin etwa vierzig Leute mit.

Was sich inzwischen in Yang Cheng zugetragen hatte, war kein Geheimnis mehr, als die Geflüchteten nach wenigen Tagen zurückkamen.

Wieder waren Berge von Toten wegzuräumen, und wieder waren Höfe zu säubern und verschüttete Straßen aufzuräumen. Die Verwüstung war größer gewesen als auch nur der härteste der Männer sich das vorgestellt hatte. Die Stadt war von den Nationalchinesen verteidigt worden, die sie kurz vorher erreicht hatten und die nun mit erbarmungsloser Härte geschlagen worden waren. Das sah man an den Trümmern Yang Chengs.

Drei Jahre schon ging der Krieg hin und her. Viermal wechselte in dieser Zeit Yang Cheng seinen Besitzer. War die chinesische Armee in der Nähe, besuchte Ai-weh-deh die Soldaten in ihren Quartieren, und sie war ein geschätzter Gast des Generals. Kamen die Japaner in die Stadt, zog sie sich zurück. Wurde die vor der Stadt liegende chinesische Armee angegriffen, mußte die Stadt ebenfalls geräumt werden, und jedesmal floh die Bevölkerung in die Berge und suchte Zuflucht in Höhlen und Erdlöchern und in kleinen Häusern, die sich den Flüchtenden öffneten. Man ließ sich nieder, wo sich gerade Gelegenheit bot. Aß seine Hirse, wenn man das Glück hatte, noch welche zu haben. Denn jede Armee beutete auf ihre Weise die Stadt aus, und keinem der Einwohner verblieb noch das Geringste.

Dennoch: sooft die Soldaten wieder weiterzogen, kehrten die Einwohner in ihre Trümmer zurück.

Gladys besaß noch zwei Bretter, die ihr als Bett dienten, zwei Schemel, zwei Tassen und eine Schüssel. An der zertrümmerten Wand ihrer Unterkunft hing der Spruch:

»Gott hat das Schwache erwählt — ich vermag alles durch den, der mich kräftigt!«

In einem Brief aus diesen Tagen schreibt sie:

»Wir haben nun 1941, und von euch habe ich weiter nichts gehört, als daß ihr jetzt euren eigenen Krieg habt. Ich bete zu Gott, daß er euch alle beschütze. Ich schreibe diese Zeilen sehr eilig. Schon tagelang habe ich nach einem Postbeamten gesucht und jetzt ist gerade Gelegenheit, diesen Brief zu befördern.

Ich fürchte, ihr seid recht besorgt um mich. Augenblicklich wohnen wir dichtgedrängt in einer Hütte auf freiem Feld, denn auch hier geht der Krieg weiter. Wenn gekämpft wird, ziehen wir uns in die Berge zurück und leben oft wochenlang in dunklen Höhlen, manchmal auch in abgelegenen Dörfern.

Wir ernähren uns von dem, was wir finden. Heute gab es Mais, Hirse und, als Gemüse, jungen Frühjahrsweizen. Ich aß drei Töpfe leer, daraus könnt ihr sehen, wie ausgehungert wir sind. Aber trotzdem fühle ich mich wohler als in Belgrave Square, wo es mir an nichts mangelte, auch glücklicher bin ich hier. — Unsere Bündel liegen fertig geschnürt um uns herum, denn wir erwarten ein Gefecht, und dann müssen wir wieder weiterziehen. Zwischendurch werden Kinder versorgt, Kranke gepflegt, und ich halte Versammlungen ab. Ununterbrochen haben wir Gebetsgemeinschaften. Wünscht mich bitte nicht hier heraus und versucht auch nicht, mich von hier wegzubekommen, weil wir hier großen Gefahren ausgesetzt sind. Ich gehöre hierher, das ist mein Leben und das sind meine Leute, die Gott mir gegeben hat, und mit ihnen will ich leben oder sterben zu Seiner Verherrlichung.«

Auch Ai-weh-dehs Freund, der Mandarin, lebte noch. Er suchte nach ihr. Er fand sie in einer Hütte, in der sie eine große Anzahl Flüchtlinge versorgte.

»Wie gut, daß ich Sie lebend und so wohlbehalten wiederfinde! Ich komme, um mich von Ihnen zu verabschieden. Ich verlasse die Provinz, und ein anderer Beamter wird meine Stelle einnehmen.«

Gladys schaute überrascht auf.

»Das tut mir leid!« Mehr konnte sie im Augenblick nicht sagen.

»Seit Sie hierher kamen, Ai-weh-deh, habe ich Sie beobachtet. Ich habe gesehen, wieviel Gutes Sie in unserer Provinz getan haben. Sie haben den verachtetsten und verkommensten Menschen in unseren Gefängnissen gepredigt und versucht, sie für Ihren Gott zu gewinnen. Ich weiß, Sie lieben alle unsere Leute und stehen jedem bei.«

»Das ist Sein Wille, Mandarin.«

»Ja«, sagte der Mandarin leise und fast feierlich, »das habe ich erkannt. Und ehe ich nun gehe, möchte ich mich in Ihre Glaubensgemeinschaft aufnehmen lassen und den Gott anbeten, den Sie anbeten. Gewähren Sie mir das?«

»Nicht ich, Mandarin, Gott gewährt es Ihnen.«

Mutter von mehr als hundert Kindern

Eine Guerillatruppe, die, ehe die Kämpfe einsetzen, durch die Stadt zog, führte einen Jungen bei sich, dessen Eltern von den Japanern getötet worden waren. Er war ihr »Glücksbringer«. Die Soldaten nannten ihn Schmutzfink, und er machte seinem Namen alle Ehre. Er war wirklich ein vernachlässigter schmutziger kleiner Bursche.

Das war aber auch kein Wunder, denn er war tagein, tagaus sich selbst überlassen, und wer von den Soldaten hätte ihn wohl anhalten sollen, sich irgendwann zu waschen, und wo hätten sie einen Ersatz für die zerlumpte Hose herholen sollen, die ihm in Fransen um die Beine baumelte.

Die Soldaten rückten in Gefechtsstellung. Darum wollten sie den Jungen irgendwo unterbringen, und was bot sich besser an als die Missionshalle der Ai-weh-deh.

Ai-weh-deh war gerade nicht zugegen, als sie mit dem kleinen Jungen kamen, aber einer ihrer Helfer.

»Wir gehen an die Front, und dahin kann er nicht mit uns marschieren. Dürfen wir ihn hierlassen?« frag-

ten sie. Der Helfer schaute kaum hin. Was sollte er schon sagen. Es waren noch andere Flüchtlinge in der Herberge und dieser Kleine würde bestimmt nicht der letzte sein.

»Laßt ihn nur hier! Einer mehr oder weniger, was macht das schon aus! Wo kommt er denn her?«

»Wir fanden ihn oben in den Bergen, in einem zerstörten Dorf. Kein Mensch war mehr zu sehen, da hockte der Kleine am Brunnen und schrie vor Hunger.«

»Ja, ja«, sagte der Helfer nur und holte dem Kind ein Stück Brot, das es blitzschnell verzehrte.

Als Ai-weh-deh nach Hause kam, sah sie den Jungen in einer Ecke schlafen.

»Ich habe ihn hierbehalten. Was sollte ich tun?«

»Es ist gut«, sagte Ai-weh-deh. Sie hätte auch nichts Besseres zu tun gewußt.

Nach einem ausgiebigen Schlaf, auf den ein sehr einfaches, aber doch sättigendes Frühstück folgte, ging Schmutzfink auf die Straße. Für einen Jungen von sieben Jahren war Yang Chenk eine außerordentlich interessante Stadt. Es gab da Höfe, deren Mauern zerbombt waren. Wenn man sich dann etwas auf die Zehen stellte, konnte man hineinsehen. Schmutzfink konnte sehen, was die Kinder spielten und wie sie der Mutter halfen, besonders die kleinen Mädchen. Und wenn die Großväter in einer Ecke saßen, die von der Sonne erwärmt wurde, dann machte sich Schmutzfink ganz klein, damit er nur ja nicht gesehen wurde. Denn er wußte, daß das nicht anständig war, über die Mauern in die Höfe zu schauen. Aber es gab noch anderes, was ihn in der Stadt interessierte. Die Kaufläden und die Trümmerhaufen, aus denen die Schnute einer Kanne blinkte oder ein zerbrochener Becher.

Auf einem solchen Erkundungsgang traf Schmutzfink zwei Jungen, die von Haus zu Haus gingen und bettelten. Das war auch ein Geschäft. Er sah sich das eine Weile an, und dann fand er, daß das Essen in der Missionshalle wahrscheinlich auch diesen beiden Jungen schmecken würde. Außerdem sahen sie so aus, als wären sie nicht schlecht als Spielgefährten zu gebrauchen.

Er ging auf sie zu und grinste sie an.

»Ich weiß einen Platz, wo ihr essen könnt, ohne zu betteln; kommt mit!«

Das ließen sich die beiden nicht noch einmal sagen, und so kamen sie in die Missionshalle.

Es verging keine Woche, in der sich diese bunt zusammengewürfelte Familie nicht um ein neues Kind vermehrt hätte. Aus meilenweitem Umkreis brachten die Dorfbewohner verwaiste Kinder, schmutzige, verlauste und sehr hungrige Kinder.

Manche kamen auch von selbst, denn es hatte sich herumgesprochen, daß Ai-weh-deh für Kinder sorgte. Die Herberge an der Stadtmauer war noch nie so besetzt gewesen wie jetzt, und noch nie war es so munter darin zugegangen. Schreckliche Rangen waren es, die sich herumbalgten, schrien und jammerten und manchmal Ai-weh-deh und ihre Helfer aus der Fassung zu bringen drohten. Sie dankten Gladys Fürsorge damit, daß sie ihr viel zu schaffen machten, daß sie ungezogen waren und in echt kindlichem Egoismus sie ganz für sich in Anspruch nehmen wollten.

Doch manche Einrichtungen dieses Hauses zählten auch die Kinder nicht zu ihren größten Freuden. Da war besonders das Waschen. Gladys zog sie an den Ohren zum Waschtrog herbei. Aber das kleine Volk setzte sich entschieden zur Wehr.

»Wir haben uns noch nie gewaschen. Wir wollen auch jetzt nicht gewaschen werden!«

Aber da hätten sie nicht Ai-weh-deh als Mutter haben dürfen. Meist stand sie selbst am Trog und steckte das zappelnde und zitternde kleine Volk ins Wasser. Auch Schmutzfink mußte sich dieser heilsamen, aber nach seinem Geschmack verabscheuungswürdigen Prozedur unterziehen. Gladys beobachtete, daß trotz seines eigenen Unbehagens ein breites Grinsen über sein Gesicht zog, wenn er merkte, daß auch alles Sträuben seiner Freunde nicht half, an dem Waschtrog ungeschoren vorbeizukommen.

Gladys begann auch, die Kinder zu unterrichten. Diese Seite des englischen Nationalcharakters war zu stark in ihr entwickelt, als daß die kleine Horde chinesischer Kinder ihr Verantwortungsbewußtsein auf diesem Gebiet nicht sofort geweckt hätte.

Sie brachte ihnen Psalmen bei und Lieder. Die Kinder sangen gern, und vor allem hörten sie gern, wenn Gladys ihnen vorsang. Oft richtete sie kleine Chorusse ein, in die die Kinder dann einfallen konnten. Dann warteten sie gespannt auf den Augenblick, wenn Gladys ihnen das Zeichen gab.

Vor allem fragten die Kinder nach ihren Geschichten. Wenn sonst nichts imstande war, Ruhe und Ordnung herzustellen — ihre Geschichten vermochten es. Die Geschichten aus dem Alten Testament liebten die Kinder am meisten. Da war es wieder Abraham, von dem sie erzählte, als wäre es ein Stück ihrer eigenen Geschichte. Wie er alles zurückließ und auszog in das Land, das Gott ihm zeigen würde; und da war Mose, der Mann, dem Gott nichts schenkte, was er selber tun konnte, und für den Gott alles tat, was nicht in Moses Macht gestanden hatte. Und wenn sie an den Auszug der Kinder Israel kam, wenn sie von den vielen Jahren des Hungers und der Not erzählte und dann von der Freude des Auszugs, von der großen Bewahrung und dem Durchzug durch das Rote Meer, dann glühten die Wangen der Kinder. Ihre Augen hingen an Gladys Lippen, die nie müde wurde, ihnen diese Geschichten immer wieder neu zu erzählen.

Da lagen die Bündel neben den Kindern. Sie wußten, was es heißt, das Haus verlassen und in fremde Dörfer ziehen, betteln müssen und nicht wissen, wo sie schlafen konnten.

Und sie hatten es draußen auf der Straße gehört, daß die Japaner wieder im Anmarsch waren. Nun würde es auch bald heißen: Macht euch auf, nehmt eure Bündel in die Hand und flieht.

»Wohin sollen wir fliehen, Ai-weh-deh«, konnten sie dann fragen.

Da legte ihnen Ai-weh-deh die Hand auf den Kopf und sagte nur schlicht: »Das wird Gott wissen. Nun geht schlafen.«

So schliefen sie auch in guter Hut.

Dann mußten sie doch wieder fliehen. Es war im Frühjahr, als die Nachricht durch die Straßen Yang Chengs lief:

»Die Japaner kommen! Flieht in die Berge!«

Dieser Ruf hatte jetzt eine andere Wirkung als das Gerücht, das vor zwei Jahren zu den ahnungslosen Einwohnern von Yang Cheng gekommen war.

Ai-weh-deh packte zusammen, was sie an Lebensmitteln da hatte: Hirse und Reis und soviel Korn, wie sie nur tragen konnten. Sie ließ die Kinder ihre Bündel nehmen und gab ihnen Säckchen mit Lebensmitteln dazu. Dann ging's mit dem Strom der Flüchtenden in die Berge. So viele Kinder, so viele hungrige Münder, und doch fand Gladys Aufnahme. War dies nicht die freundliche Fürsorge Dessen, der mit ihr ging. Sie verteilte die

Kinder auf die Häuser, so viele diese nur fassen konnten, und sie selber begann dann ihre Tätigkeit wie immer: Kranke pflegen, unterweisen, waschen, trösten und beim Zubereiten der Mahlzeiten helfen.

Und abends erzählte sie ihre Geschichten.

Der Offizier der chinesischen Armee, der die Räumung Yan Chengs befohlen hatte, war im Hinblick auf eine baldige Rückkehr in die Stadt nicht sehr optimistisch gewesen.

Auf ihren Gängen zu den Kranken und zu den kleinen christlichen Gemeinden in der Umgebung überlegte Gladys, was mit den Kindern werden sollte. Wenn sie nicht nach Yang Cheng zurückkommen könnte, wußte sie keinen Schritt weiter. Und es sah nicht so aus, als könnten sie bald in die Herberge zurück. Die Kampflinie war ganz nahe herangerückt. Abends ging sie mit den Männern des Dorfes ins Tal und half die Verwundeten verbinden. Flüchtlinge kamen mit und halfen.

Die Kinder genossen ihre Freiheit in den wildzerklüfteten Bergen. Sie stöberten immer neue Höhlen auf und waren immer nur mühsam zu den Mahlzeiten zusammenzutrommeln. Gladys hatte sich aber in Schmutzfink und anderen größeren Jungen und Mädchen eine wackere Helferschar herangezogen, die dafür sorgen mußte, daß sich kein Kind in den Bergen verlief und daß sie zumindest abends immer zur Stelle waren.

Die eifrigen Höhlenforscher dienten auch noch freundnachbarlichem Austausch, denn in jeder Ecke, die Schutz vor den Bergwinden und vor dem Regen versprach, hatten sich die Leute von Yang Cheng eingenistet. So erfuhr Gladys durch ihre Kinder von den Kranken und Hilflosen unter ihnen. Sie ging, so oft sie nur konnte, und suchte sie auf.

Es war trotz aller Not und Angst doch ein freundlicher Frühling und Sommer geworden. Gladys dachte daran, als sie wieder, früher als sie erwarten konnten, nach Yang Cheng zurückgekommen waren und in der Missionshalle saßen. Das war der Pferdestall einiger Japaner gewesen. Berge von Mist hatte sie mit den Kindern herausfegen müssen. Für Durchlüftung sorgte das brüchig gewordene Dach, das ein paar ansehnliche Öffnungen zum Himmel hatte.

Hier empfing Gladys eines Tages hohen Besuch. Es war der General der chinesischen Armee, den sie schon, als die Chinesen das letztemal vor den Toren Yang Chengs lagen, bisweilen besucht hatte. Er wollte wissen, wie es ihr ginge und wie es mit ihrer Arbeit stehe.

»Man sagt, Ai-weh-deh«, begann er, »daß Sie in Ihrem zertrümmerten Missionswesen mehr als hundert Kinder beherbergen. Nun gut, aber wie soll das weitergehen! Was soll werden, wenn sich diese Angriffe wiederholen, und wie machen Sie es jetzt? Wie bekommen Sie Essen für die Kinder?«

Ai-weh-deh sah ihn nachdenklich an. »Wir werden uns mit Gottes Hilfe zurechtzufinden wissen. Im Augenblick machen uns nur die Bomben zu schaffen. Wenn sie werfen, gehen wir in die Felsenhöhlen. Und wenn alle Bomben gefallen sind, kehren wir wieder zurück. Dann wissen wir immer sehr schnell, was zu tun ist. Wir versammeln uns nach wie vor in der Missionshalle. Sie ist so zerstört, daß ich nicht weiß, wie ich sie ausbessern soll. Aber noch hält sie. Oft haben wir auch Ihre Soldaten dort gesehen, auch die japanischen kommen, wenn sie vor den Toren der Stadt liegen. — Sie fragen nach der Nahrung. Ich bettle sie mir zusammen. Dabei ist es mir gleich, ob bei Freund oder Feind. Wir haben immer bekommen, was wir brauchen. Gott sorgte für uns.«

»Haben Sie von den Waisenhäusern gehört, die Madame Chiang eingerichtet hat. Sie arbeitet mit Staatsgeldern, und über ganz China hin werden Tempel und Schulen für obdachlose Kinder beschlagnahmt. Ich habe dabei an Ihre Kinder denken müssen. Ich würde Ihnen vorschlagen, sich an sie zu wenden. Schreiben Sie ihr, und bitten Sie um ihre Unterstützung.«

Der Brief wurde geschrieben, und die Antwort lautete:

»Wenn es Ihnen möglich ist, Kinder in die unbesetzte Provinz Shensi zu transportieren, so werden wir sie unterbringen. Auch für Ihr Werk in Yang Cheng habe ich Geld bereit. Schicken Sie nur jemand, der es abholt.«

Das war Hilfe in der Not. Der Brief kam, als Ai-weh-deh die Augen vor der Notwendigkeit baldiger Flucht nicht mehr verschließen konnte. Sie besprach die Sache mit den Ältesten, und Herr Lu, der chinesische Helfer, wurde damit beauftragt, einen Teil der Kinder nach Shensi zu bringen und dort das Geld entgegenzunehmen. Das war ein Rüsten, ein Packen, und das aufgeregte Fragen der Kinder dröhnte Gladys in den Ohren.

Und dann ging Herr Lu mit etwa hundert Kindern über die Berge. Gladys hatte sie noch einmal alle versammelt. Sie erinnerte sie an die eine Geschichte im Alten Testament vom Auszug des Volkes Israel, wo ja noch viel mehr Kinder ihre Bündel gepackt hatten und nun durch eine Wüste zogen gleich den kahlen chinesischen Bergen. Und sie erinnerte die Kinder daran, wie Gott mitzog, ganz nah war er ihnen, und wie er sie nicht einen kleinen Augenblick verlassen hat.

Etwa hundert Kinder waren bereit, mitzugehen. Wie ein Rattenfänger zog Herr Lu mit ihnen durch die Stadt. Sie rechneten damit, daß er wohl 14 Tage wandern müsse, und dann erwartete Gladys ihn nach einem Monat zurück in Yang Cheng.

Die plötzliche Stille beengte Gladys in den ersten Tagen. Sie ging wieder hinaus in die Stadt, in die Dörfer, Tag für Tag. Und immer, wenn sie abends nach Hause kam, hatte sich wieder ein kleiner Mensch eingefunden, gebracht oder eingeladen von den Kindern, die zurückgeblieben waren. Ehe ein Monat verstrichen war, waren es wieder hundert, und immer wieder mußten sie mit Gewalt an den Waschtrog gezerrt werden, und immer wieder senkten sich kleine frischgewaschene Chinesenköpfe, abends, wenn Gladys mit ihnen betete. Die Nachbarn draußen wußten, daß es eine Stunde in der Herberge gab, in der aber auch nicht das geringste Geräusch zu hören war, es sei denn, daß in der Küche noch gearbeitet wurde. Das war nämlich die Stunde, wenn Gladys bei den Kindern saß und ihnen und den erwachsenen Helfern Geschichten erzählte. Dann kamen noch die Lieder, und nach einem kurzen Getöse, dem Gutenachtgruß aller an alle, war's still in dem Haus an der Stadtmauer. Hundert kleine Körper lagen auf dem K'han der Maultiertreiber, auf Kisten und in allen Winkeln, und träumten dem neuen Morgen entgegen.

Ein Monat verstrich, aber Herr Lu war nicht erschienen. Ein zweiter Monat ging dahin, und Gladys hatte noch keine Nachricht von ihm erhalten.

Der Kriegszustand wurde immer bedrohlicher. Die Frau des Generals war zu ihr gekommen und hatte Gladys im Vertrauen mitgeteilt, daß die chinesische Armee im Begriff war, sich zurückzuziehen.

»Wollen Sie mit uns kommen, Ai-weh-deh? Wir werden auf Sie und Ihre Kinder achtgeben und für Sie sorgen. Bei uns sind Sie sicher.«

Gladys überlegte einen Augenblick. Über hundert

Kinder waren schon über den Bergen, und sie wartete auf Herrn Lu. Sollte sie fliehen?

»Nehmen Sie die Kinder mit«, sagte sie mit trauriger Stimme. »Ich selbst muß hierbleiben. Christen ziehen sich niemals zurück.«

In der Nacht erschien ein Offizier mit einem Brief vom General. Er enthielt das gleiche Anerbieten. Aiweh-deh fragte Gott. Sie wußte keine andere Antwort als die, die sie auf die Rückseite des Schreibens im Schein einer Kerze hinkritzelte. Es war die gleiche Antwort, die sie am Tage gegeben hatte: »Christen ziehen sich niemals zurück!« So sandte sie den Brief wieder um.

Am nächsten Tag wurden die Kinder wegegebracht. Wieder schwirrten ihre tausend Fragen durch die Herberge am Stadttor, und Gladys sah, daß sie voll froher Erwartung waren. Eine Wanderung in die Berge, welch ein Vergnügen mochten sie sich darunter vorstellen. Sie ließ sie alle antreten, sah ihre Bündel nach, ob das Bettzeug gut verschnürt war und Eßschalen und Stäbchen nicht fehlten.

Gladys sah ihnen nach, wie sie in langem Zug durchs Stadttor gingen. Die großen Mädchen hatten die kleineren Kinder an der Hand und die großen Jungen gingen vorn und hinten und überwachten den Zug.

»Es sind doch deine Kinder, Gladys«, sagte sie sich. »Wo wirst du sie wiederfinden?«

Da ging sie nach Hause und betete für jedes einzelne Kind. Sie nannte es mit Namen und bat Den, den sie als Helfer der Ohnmächtigen so gut kannte, sie zu beschützen.

Die Missionshalle stand leer. Wieder bedrückte Aiweh-deh die Stille dieses verwahrlosten Hauses. Sie versuchte ihre Arbeit fortzusetzen, so als hätte sich nichts ereignet. Sie machte ihre Besuche, predigte, pflegte die Kranken und sah nach verwundeten Soldaten. Nach wie vor stand es für sie fest: ihr Platz war hier! Mochten die Japaner wiederkommen, wenn sie wollten! Es war ihr ja nichts Neues, unter japanischer Besatzung zu leben. Das kannte sie ja.

Es war zwei Nächte später. Gladys befand sich in ihrem Schlafraum. Sie hatte in der Bibel gelesen, gebetet und wollte sich eben zur Ruhe legen. Da klopfte es an die Tür.

»Wer ist da?«

Es war ein Soldat. Sie wußte, er gehörte zur Mission. Darum öffnete sie ihm.

»Sie sollen mit uns kommen, Ai-weh-deh. Sie müssen unbedingt kommen, bitte tun Sie es doch!« bat er.

»Nein, das kann ich nicht!«

»Ich weiß, daß Sie es nicht wollen.«

»Ich darf es nicht. Was fragen Sie noch?«

»Weil ich den Befehl vom General habe, darum! — Ai-weh-deh, ob Sie mit uns kommen oder nicht, Sie müssen auf jeden Fall Yang Cheng verlassen!«

»So, muß ich das?«

»Ja, heute oder morgen werden die Japaner die Stadt besetzen, und es sollen ihnen gewisse Leute ausgeliefert werden!«

»Das geht mich doch nichts an. Ich bleibe hier!«

»Aber Sie sind unter denen, die gefordert werden!«

»Wie, ich? Was wollen sie denn mit mir? Nein, lieber Freund, das ist ein Trick des Teufels, mich hier fortzulocken. Ihm darf ich keinen Glauben schenken. Ich bleibe.«

Aber der Soldat ließ sich nicht abweisen.

»Dann sehen Sie sich das hier an, Ai-weh-deh«, sagte er und zog ein zerknülltes Plakat aus der Tasche.

»Ich fand es an der Stadtmauer, und der General wußte es auch.«

Gladys glättete das Papier und las: »Gesucht werden...« und dann folgten zwei Namen und darunter stand »Ai-weh-deh«. Gladys las weiter: »Wer über ihren Aufenthalt Auskunft geben kann oder sie bringt, tot oder lebendig, erhält vom japanischen Oberkommando eine Belohnung von 1 000 Mark.«

Gladys Augen hatten sich geweitet. Das war ja unmöglich. Sie hatte doch nichts zu tun mit den Leuten, die da auf dem Papier standen, und warum interessierten sich die Japaner für sie. Aber es stand da. Das Licht der kleinen Öllampe genügte, um es ganz deutlich zu lesen.

»Das Plakat hängt an allen Stadtmauern und an den Häusern auf den Dörfern«, sagte der Soldat. »Die Japaner sind schon ganz in unserer Nähe!«

So stand es also!

Gladys beobachtete, wie sich eine Schweißperle auf der Stirn des Soldaten bildete. Sie wurde groß und schwer und kroch erst ein wenig langsam über den Wulst einer Hautfalte, und dann stürzte sie über die Schläfe herunter auf die Wange. Da fand sie mehr Schweiß, sie fraß, was sie fand und rollte als dicker Tropfen auf den Kragen des Soldatenrocks. Da schreckte Gladys auf. So stand es also! Sie rang nach Festigkeit.

»Ich werde mir's überlegen. Sagen Sie dem General und allen anderen meinen herzlichen Dank und ein inniges Lebewohl!«

Der Soldat ging.

Gladys wußte nicht, was sie tun sollte. Sie ging und beriet sich mit den Ältesten.

»Sie müssen gehen, Ai-weh-deh, Sie müssen gehen!« rieten ihr die Männer. Aber die Frauen weinten und jammerten: »Oh, verlaß uns nicht, verlaß uns nicht,

Ai-weh-deh, du bist doch unsere Mutter, verlaß uns nicht!«

Gladys zerriß es das Herz.

Sie kehrte in ihre Kammer zurück und suchte alle Photographien und Briefe zusammen. Dann zündete sie draußen im Garten ein großes Feuer an. Aber sie konnte sich nicht entschließen, die ihr liebgewordenen Andenken zu verbrennen. Sie wußte einfach nicht, was sie tun sollte. Heftige Zweifel rissen sie hin und her. Sollte sie wirklich fliehen?

Sie durfte ihr Leben doch auch nicht leichtsinnigerweise gefährden.

Das wollte Gott keinesfalls von ihr!

»Wenn ich den Japanern ausgeliefert werde«, überlegte sich Gladys, »machen sie mit mir, was sie wollen. Wahrscheinlich töten sie mich, obwohl ich nicht weiß, warum. Und wiederum: Sollte es nicht Gottes Wille sein, daß ich bei meinen Leuten bleibe? Ich muß ihnen doch helfen!«

Verwirrt ging Gladys in ihre Kammer zurück, nahm ihre Bibel zur Hand und betete.

»O Herr, sag Du mir doch, was ich tun soll! Ich weiß es ja nicht. Sag Du es mir doch, bitte, bitte!«

Da kam sie an die Stelle der Bibel, wo der Herr ausrufen läßt: »Fliehet, fliehet in die Berge, verbergt euch in den Höhlen, denn der König von Babylon hat einen Anschlag wider euch ersonnen!«

Dieses Wort veranlaßte Gladys zu dem Beschluß, am nächsten Morgen Yang Cheng zu verlassen.

Ruhig legte sie sich nun nieder und schlief tief und fest.

Am nächsten Morgen stand sie früh auf und machte sich fertig. Sie ging mit ihren Sachen zum Tor und bat den Pförtner, ihr ein Maultier zu satteln und sie die Straße hinunter zu führen.

Der Pförtner war entsetzt, Gladys noch in der Stadt zu sehen. Auch er kannte das Plakat und hatte ihren Namen darauf gefunden.

»Sie werden kein Maultier mehr bekommen, Ai-weh-deh. Die Japaner sind in der Stadt. Gestern abend rückten sie ein. Sie hätten gestern abend schon gehen müssen. Kommen sie mit und sehen sie es mit eigenen Augen an. Dieses Tor hier ist zu. Sie kommen nicht durch.«

Ai-weh-deh sah durch ein Loch im Tor, und wirklich, da saßen japanische Soldaten am Wegrand und wuschen sich die Füße.

»Dann lassen Sie mich zum andern Tor hinaus. Bitte schnell, es eilt!«

So floh sie durch das zweite Tor, das nach chinesischer Sitte nur für Leichenzüge benutzt wurde. Sie zögerte aber nicht lange, denn jetzt hatte sie Furcht ergriffen. Sie hatte keinen anderen Gedanken als den: lauf, lauf, lauf!

Sie hetzte über den Friedhof, duckte sich hinter den Steinen, rannte und rannte über ein Feld, durch einen Bach den Hang hinauf, vorwärts, nur vorwärts!

Kugeln sausten an ihr vorbei. Sie hörte aufgeregtes Schreien. Einmal stolperte sie und fiel hin. Sie hatte einen Schlag von hinten bekommen. Kugeln und Granatsplitter wühlten den Boden auf. Instinktiv schlüpfte sie aus ihrem wattierten Rock und rollte unter ein Gesträuch. Die Kugeln zerfetzten den Rock. Sie gönnte sich eine ganz kleine Atempause unter dem Strauch, dann rannte sie weiter, kroch, fiel, kletterte. Weiter und weiter, nur immer weiter! Wie ein gehetztes Wild flüchtete sie in die Berge.

Dann wurde es still um sie. Die Jagd war beendet. In völliger Erschöpfung sank sie nieder.

Aber sie mußte weiter, sie durfte nicht liegenbleiben.

Sie tastete ihren Rücken ab und war beruhigt, als sie feststellte, daß sie nur einige Schrammen dort fand. Nach kurzer Pause raffte sie sich wieder auf und machte sich auf den Weg bis in den Abend.

Das nächste Dorf, das sie erreichte, kannte sie. Sie hatte Freunde dort, und sie erlebte freundliche Aufnahme. Das Bewußtsein, hier in den Bergen zu Hause zu sein, war ihr ein immer neues Geschenk und eine große Ermunterung.

Sie schlief tief und fest auf dem K'han ihrer Freunde.

Am anderen Morgen zog sie erfrischt und ausgeruht weiter. Und am Abend dieses Tages erreichte sie Chong Tsuen, wo sich die Kinder befanden. Es waren die Kinder, die im Schutz des Generals fortgezogen waren. Ein großer Jubel brach aus, als sie ihre Ai-weh-deh wiedersahen. Aus allen Ecken rannten sie herbei und drängten sich an ihre Mutter.

Ihre erste Frage: »Ist Herr Lu zurückgekommen, Ai-weh-deh?«

»Noch nicht, Kinder, noch nicht!«

Dann holte sie die älteren Kinder herbei und die Helfer, die mitgekommen waren, und sagte zu ihnen: »Ihr könnt alles vorbereiten, morgen früh brechen wir auf!«

Als sie dem Kugelregen der Japaner entkommen war und ihre Gedanken wieder etwas hatte sammeln können, hatte Ai-weh-deh an ihre Kinder denken müssen. Die Soldaten, die sie abholten, hatten ihr die Strecke gesagt, die sie gehen wollten. Und Ai-weh-dehs Fluchtweg verlief in gleicher Richtung. Sie hatte nach den Kindern gesucht und unterwegs beschlossen, sie selbst nach Shensi zu bringen. Herrn Lu mußte etwas zugestoßen sein, daß er gar nicht wiederkam. Sie konnte ihre neuen Pfleglinge nicht länger in der Kampfzone lassen und hatte auch Sehnsucht nach den anderen Kindern.

Später hörte sie, wie es Herrn Lu ergangen war. Er war zwar durchgekommen und hatte die Kinder alle nach Shensi gebracht, auf steilen und mühsamen Pfaden. Aber auf dem Rückweg war er festgenommen und vor ein Kriegsgericht gestellt worden. Denn er sprach den Tsincheng-Dialekt, und jener Distrikt war vom Feind besetzt. Seinem Bericht über die Kinder schenkte man keinen Glauben, sondern man hielt ihn für einen Spion, der beobachtet werden mußte. Während nun Ai-weh-deh mit den übrigen Kindern unterwegs war, saß er im Gefängnis.

Gladys Freunde versuchten, sie von ihrem Vorhaben wieder abzubringen. »Shensi ist viele Meilen entfernt. Du weißt nicht, was jetzt passiert. Ob die Stadt die Kinder überhaupt noch aufnimmt. Du hast weder Nahrungsmittel, noch Geld. Und hundert Kinder! Das ist anders, als wenn du allein gingst!«

»Gott wird für uns sorgen«, antwortete Gladys.

»Sagt den großen Kindern, daß sie den kleinen helfen sollten. Erzählt ihnen, daß wir eine große Wanderung machen. Dann kommen sie alle mit.«

»Aber welchen Weg willst du nehmen. Alle Straßen werden von den Japanern besetzt.«

»Gut, dann gehen wir über die Berge und nachher hinunter an den Gelben Strom.«

»Was?«, den Freunden blieb der Mund offen, »diese Kinder über die Berge? Ai-weh-deh, du bist nicht bei Verstand, oder kennst du unsere Berge nicht!«

Aber nichts konnte sie umstimmen.

Sie ging zum Ortsvorsteher und bat um Verpflegung für die Reise.

»Ich bewundere Ihren Mut, Ai-weh-deh«, sagte er zu

ihr, »aber Ihr Vorhaben ist töricht. Sie kommen mit den Kindern nicht durch. Sie kennen die Berge nicht. Sicher, die Kinder können nicht hier bleiben. Ich kann Ihnen keinen besseren Rat geben.«

Er gab ihr soviel Hirse mit, daß sie bis zur nächsten Stadt für alle Kinder ausreichte, und zwei Kulis, die den Proviant trugen.

Am nächsten Morgen in aller Frühe machte sie sich auf, gefolgt von hundert Kindern im Alter von vier bis sechzehn Jahren, die voller Begeisterung ein großes Abenteuer erwarteten. Eins der Kinder war noch ganz klein.

Die Größeren rannten voraus und waren bald außer Sicht. Andere blieben zurück, und wieder andere liefen seitwärts in die Berge. Da war es gut, daß Gladys ein paar Kinder seit langer Zeit angehalten hatte, für die Kleineren mitzusorgen. Unermüdlich achteten sie darauf, daß keins zu weit zurückblieb und sich keins in den Bergen verlor. Wenn es Abend wurde, kamen sie alle wieder auf den Weg, und da war es wieder der lange Zug von Kindern, die sich müde an den Händen hielten. Größere nahmen die Kleinen auf den Rücken und andere nahmen ihnen die Bettbündel ab.

Die beiden Kulis blieben den ersten Tag bei ihnen, für den nächsten wurden zwei andere ausgehoben. Jedes Dorf und jede Stadt half ihnen weiter.

DER GROSSE TRECK

Sie wanderten und wanderten. Die guten Wege wurden abgelöst von weniger guten. Wo immer es nur Maultierspuren gab, gingen sie ihnen nach.

Zuerst waren die Kinder ohne Zögern mitgekommen. Der erste schroffe Berg hatte sie nicht erschreckt. Doch auf halber Höhe wurden sie schon stiller. Man sah

Ai-weh-deh selten anders als mit einem Kind auf dem Arm. Sie ging vorn, in der Mitte, manchmal auch bei den letzten. Und obwohl sie immer überlegte, wo sie die nächste Rast einrichten sollte und wie sie am besten das Essen verteilte, auch ob sie es vor dem Anstieg oder nach dem Anstieg ausgab, immer fand sie noch eine Geschichte, um die Kinder das Laufen vergessen zu machen.

In der Wahl ihrer Nachtlager waren sie alle nicht anspruchsvoll. Sie schliefen in Höhlen, die sie ja von der Zeit, als sie aus Yang Cheng evakuiert worden waren, her kannten. Dann lud sie ein Stadtältester in den Tempel ein, wo sie sich zunächst einmal die geheimnisvollen Figuren ansahen, ohne in allzu große Pietät zu fallen. Sie schliefen auch am Wegrand, wenn sich nichts anderes bot. Und einmal in einem Militärlazarett. Das war ein großes Fest. Da wurde vorzüglich für sie gesorgt. Und wenn sie in der nächsten Nacht wieder unter freiem Himmel schliefen, dachten sie sehnsüchtig daran zurück.

Sie hatten nicht genug, um sich gegen die Kälte zu schützen. Wenn sie draußen schliefen, krochen sie dicht zusammen, um sich gegenseitig zu wärmen. Und wenn es mit der Nahrung nicht ausreichte, gingen sie betteln. Das war nicht schlimm, denn die Leute liebten die Kinder, und wenn sie nur etwas hatten, gaben sie ab. Das reichte dann immer für einen dünnen Hirsebrei abends und morgens.

Die Kleinen waren die ersten, die zu klagen begannen.

»Ai-weh-deh, mir tun die Füße weh, ich kann nicht mehr laufen!

Ai-weh-deh, meine Schuhe sind ganz kaputt!

Ai-weh-deh, ich habe Leibschmerzen!

Ai-weh-deh, laß uns doch hierbleiben, ja bitte, Ai-weh-deh.«

Die Größeren konnten die Kleineren bald nicht mehr tragen. Es fiel ihnen selbst schwer genug, nach der dünnen Morgenspeise bergauf, bergab zu wandern. So wurden die Tagesmärsche immer kürzer.

Wenn Ai-weh-deh gar zu unzufriedene Gesichter sah, schlug sie vor: »Kommt, wir singen!«

Sie konnte sich später niemals erinnern, daß dieser Vorschlag nicht gezündet hätte. Dann fingen sie an. Zunächst schlug Ai-weh-deh vor, welches Lied gesungen werden sollte. Sie begann einfach:

> »Zähl das Gute, das dir Gott geschenkt,
> sieh, wie lieb er heute an dich denkt.
> Denk an alles was er für dich tut,
> und sei fröhlich, denn du hast es gut.«

Auch während sie marschierten, sangen sie. Zuweilen wandte Ai-weh-deh allerlei Tricks an, um die Aufmerksamkeit der Kinder von ihrer Müdigkeit und den Schmerzen an den Füßen abzulenken. Dann rief sie Anfänge von Bibelsprüchen aus, die die Kinder dann ergänzen mußten. So sagte sie zum Beispiel: »Lobe den Herrn, meine Seele . . .«, und es echote ihr entgegen, von vorn und von hinten ». . . und was in mir ist, seinen heiligen Namen«, oder »Der Herr ist mein Hirte . . .«, worauf die ganze Kinderschar den Psalm bis zu Ende sprach. Und wenn ein Kind gar nicht mehr weiter wollte, da versprach sie ihm eine Geschichte, ganz allein für ihn, die freilich die anderen auch mit hören durften. Aber erst etwas weiter oben am Weg, wenn schon zu sehen war, daß es wieder bergab ging und der kleine Kindermut wieder etwas gestärkt worden war.

Zwölf lange beschwerliche Tage und zwölf frostige Nächte gingen sie in dieser Weise über die Berge.

»Wie weit ist es noch bis zum Gelben Strom? Wie viele Tage noch, Ai-weh-deh? Wieviele Berge liegen noch dazwischen?« So lauteten die Fragen, die immer und immer wieder gestellt wurden. Nach jedem Dorfausgang begann das Fragen wieder neu.

Am Nachmittag des zwölften Tages, als der Zug den letzten Bergrücken erklommen hatte, glitzerte fern in der Sonne die Goldkette des Gelben Stromes. Ai-weh-deh sammelte die Kinder. Sie wies auf das glitzernde Band.

»Seht, Kinder, dort ist Yuen Chu! Dorthin gehen wir. Und dort werdet ihr viel zu essen bekommen, ihr werdet euch ausruhen und schlafen, und ihr dürft auch paddeln und schwimmen, ganz wie ihr wollt!«

Und die Kinder jubelten: »Der Gelbe Strom! Endlich der Gelbe Strom! Hurra! Wir haben ihn gesehen!«

Aber das Städtchen am Strom, in das sie aus den Bergen niederstiegen, war ausgestorben. Jedes Haus war verlassen und völlig leergeräumt.

Sie suchten in den Küchen und Vorratskammern, es gab nichts zu essen.

Da begann ein leises Wimmern unter den Kindern. Wie ein Stich ging es Gladys durch's Herz. Was hatte sie den Kindern versprochen: »Viel zu essen, ausruhen, paddeln, schwimmen.«

Gladys ließ die Kinder lagern. Ganz nah am Strom. Sie bat die Größeren, auf die Kleineren zu achten und keinem zu erlauben, zu nahe an das Ufer zu gehen.

Sie suchte noch einmal das Dorf ab. Aber es war völlig tot. Sie suchte einen Platz, von dem aus sie das Ufer etwas überschauen konnte, und da entdeckte sie in der Ferne ein paar Menschen, die auf sie zukamen.

Es waren Soldaten, und es mußten chinesische Soldaten sein, denn sie hatte unterwegs nichts davon gehört, daß die Uferseite schon von den Japanern besetzt wäre. So ging sie ihnen entgegen.

Die Soldaten waren erstaunt, in dieser verlassenen Gegend eine kleine Frau, und zwar eine Fremde, zu finden. Ai-weh-deh gab aber keine lange Erklärungen ab. »Könnten Sie uns nicht etwas zu essen geben?« fragte sie.

»Zu wievielen seid ihr denn?«

Offenbar hatten die Soldaten sie schon beobachtet, denn sie kamen, um festzustellen, was da am Ufer herumkrabbelte.

»Es sind hundert Kinder!«

Die Soldaten schüttelten bedauernd die Köpfe.

»Das ist unmöglich. Unsere Ration reicht nur für drei Tage. Aber wir wollen Ihnen gern davon etwas abgeben.«

»Gibt es denn in der Stadt keine Lebensmittel?«

»Nicht eine Krume! Die Bewohner sind alle geflohen. Wir rechnen hier jeden Tag mit den Japanern und haben uns hinter den Strom zurückgezogen. Alles wurde mitgenommen, nicht das Geringste zurückgelassen.« Das waren böse Nachrichten für Gladys.

Schnell wurde wenigstens eine dünne Suppe bereitet aus den Mitteln, die die Soldaten ihnen reichten.

Sie saßen am Straßenrand nebeneinander, eine lange Schlange, und aßen. Und dann zog Ai-weh-deh mit den Kindern aus dem menschenleeren Ort hinaus und wieder hinunter an den Strom. In der Nähe der Anlegestelle machten sie halt.

»Wir werden morgen früh das erste Boot nehmen und ganz schnell drüben sein!« tröstete sie die Kinder, die ihre müden Füße badeten und sich gleich am Ufer schlafen legten.

Aber lang ist solch eine Nacht, wenn die Mägen vor Hunger schmerzen! Vor Tag schon waren die Kinder wach. Sie spielten am Wasser, und dann und wann kam eins von den Kindern zurück und fragte:

»Ai-weh-deh, hast du nichts zu essen für uns? Wir haben ja solchen Hunger. Ach, mir tut der Bauch so weh!«

»Kommt, habt noch ein wenig Geduld! Die Boote werden bald kommen, und wenn wir erst am anderen Ufer sind, dann bekommt ihr auch zu essen, so viel ihr wollt.«

Aber wie sehnsüchtig sie auch die Blicke auf das jenseitige Ufer gerichtet hielten — es war nichts zu sehen. Die Fähre war nicht mehr im Betrieb. Auch sonst kam kein Boot und legte an.

Ai-weh-deh wußte nun, wie es mit ihnen stand. Aber sie schwieg. Einige von den großen Kindern erkannten die Lage auch. Und auch sie schwiegen.

Ai-weh-deh ließ die sechs der ältesten Jungen zu sich kommen.

»Kommt, wir wollen in die Stadt zurückgehen und sehen, was zu machen ist. Die anderen bleiben hier, falls doch ein Boot kommen sollte.«

Still ging Gladys mit den Jungen davon. Sie gingen in der Richtung, in der die Soldaten gestern auf sie zugekommen waren, und fanden ihr Quartier.

»Fahren heute noch Boote rüber«, fragte Ai-weh-deh einen der Offiziere.

»Nein, der Strom ist gesperrt. Es dürfen keine Boote mehr fahren. Unsere Kähne sind alle auf der anderen Seite.«

»Und die Fähre? Wie ist es damit?«

»Auch die Fähre hat den Verkehr eingestellt. Wir können nichts tun. Die Japaner werden jede Stunde erwartet.«

Ai-weh-deh warf sich auf die Knie und flehte um Nahrung für ihre Kinder. Aber man hatte keine Lebensmittel. Sie wurde weggeschickt.

Der Offizier tat das nicht leichten Herzens. Das merkte Ai-weh-deh wohl.

Sie fand ein anderes Soldatenlager und bettelte dort. Man hörte sich den Bericht ihrer kaum glaubhaften Flucht aus den Bergen an und hatte Mitleid.

»Von wo sind Sie gekommen?« fragte man noch einmal.

»Wir kommen von Yang Cheng und sind über die Berge gewandert. Es war ein schrecklicher Weg über die Höhen. Und wir haben nichts mehr zu essen. Fast den ganzen Weg über hatten wir wenig zu essen, und manchen Tag nur morgens und abends ganz dünne Suppe. Wenn die großen Kinder nicht so tapfer geholfen hätten, würden wir es niemals geschafft haben.«

»Wir haben nicht viel, aber wir wollen Ihnen etwas geben«, sagten die Soldaten. »Doch es reicht nur für die Kleinsten. Wir können beim besten Willen nicht alle durchfüttern.«

Ai-weh-deh war der Verzweiflung nahe.

Sie nahm mit, was die Soldaten ihr schenkten, und richtete ein Mahl für alle, und sie bat Gott in großer Not, dieses Mahl zu segnen und die Kinder zu sättigen.

Wieder kam eine Nacht. Es war eine Nacht voller Qual und — voller Zweifel.

Und voller Selbstvorwürfe.

»Du hast oft Dummheiten gemacht«, dachte Gladys, »aber nichts war so dumm wie diese Flucht jetzt. Wärest du früher gegangen oder allein, so wärest du jetzt in Sicherheit. Nun aber die Kinder! Kinder, nach denen hier kein Mensch fragt! Diese unerwünschten Kinder! Und jetzt sitzt du in der Patsche!«

Dicht vor ihnen rauschte der Strom. Die Kinder schliefen in einer Ufermulde. Dann und wann begann eins zu wimmern. Im Traum oder auch vor Hunger. Gladys schreckte jedesmal auf. Ihr graute vor der Not dieser Kinder. Und sie konnte nichts tun. Hinter ihr lag ein totes Dorf und vor ihr der Strom, und weit und breit war kein Boot. In dieser notvollen Nacht kam ihr ein echt chinesischer Gedanke, der Gladys erschreckte. Lohnten diese Kinder eine solche Anstrengung? Die Lebensgefahr, in der sie jetzt standen? Das war ein Alarmzeichen. Gladys rief zu Gott. Und er antwortete ihr.

»Es sind meine Kinder, Ai-weh-deh, ich gab sie dir, hörst du, ich! Ich starb für jedes einzelne von ihnen!«

In der Frühe des nächsten Morgens stand plötzlich Sualan vor ihr. Sie war dreizehn Jahre alt, eines der hübschesten Kinder. Das Mädchen sah sie lange schweigend, mit großen dunklen Augen an. Dann sagte es:

»Ai-weh-deh, erinnerst du dich an die Geschichte von Mose, die du uns erzählt hast; wie Gott Mose rief, und wie er mit den Kindern Israel auszog und an das Rote Meer kam. Weißt du noch, wie das Rote Meer sich da teilte. Und sie gingen mit trockenen Schuhen hinüber an das andere Ufer. Weißt du noch, Ai-weh-deh, sie kamen alle hinüber.«

Die braunen Augen wurden groß und prüfend, als das Kind jetzt fragte:

»Ai-weh-deh, glaubst du das?«

»O Sualan«, dachte Ai-weh-deh und sah fest in die Augen des Kindes: »Natürlich glaube ich das«, versicherte sie, »oder meinst du, ich lehre euch etwas, was ich selbst nicht glaube?«

»Aber warum gehen wir dann nicht hinüber, Ai-weh-deh?« fragte jetzt das Mädchen, einfältig vertrauend. Gladys konnte keinen Funken Spott in diesen Kinderaugen entdecken.

Gladys gab das einen Stich ins Herz.

»Ich bin nicht Mose, Kind«, sagte sie leise.

Blitzartig kam es aus dem Mund des Mädchens:

»Natürlich bist du nicht Mose, aber Gott ist Gott, nicht wahr?«

Waren das nicht die gleichen Überlegungen, die gleichen Worte, die sie selbst einmal — wie lange war das schon her? — angestellt und gesprochen hatte? Damals, als sie die Bibel zu studieren begann und von Nehemias las? Und hatte sie nicht erfahren, daß Nehemia Gott auch ihr Gott war? Weil Gott Gott war? Ist!

Und war nicht die Geschichte vom Zug der Kinder Israel durch das Rote Meer ihre Lieblingsgeschichte schon immer gewesen, und hatte sie nicht immer geglaubt, so müsse auch sie glauben und so müsse auch sie gehen und so werde Gott auch sie führen, trocken durchs Meer?

»All die Jahre hast du gepredigt und doch auch fest geglaubt, daß es wahr ist: daß Mose die Kinder Israel durchs Rote Meer geführt hat. Du hast doch dein Leben darauf aufgebaut — oder etwa nicht?« fragte sich Gladys. »Wird dieser Grund, auf den du bautest, halten; wird er Felsengrund sein?«

»Wir werden bald hinübergehen«, sagte sie zu dem Mädchen, und aus der tiefen Verbundenheit mit ihrem Herrn sprach sie: »Wir werden hinübergehen, Sualan, verlaß dich darauf!«

Sie strich dem Kinde mit zarter Hand über das schwarze Haar.

Sualan lächelte wieder. Sie nahm Ai-weh-deh bei der Hand und zog sie mit sich fort. Während sie miteinander weitergingen, rief das Kind einige von den Großen herbei, und dann kniete sie mit Ai-weh-deh und den anderen Kindern nieder und begann zu beten:

»Hier sind wir, Herr Jesus, und wir warten darauf, daß Du das Gelbe Meer spaltest. Amen.«

Die Kinder gingen wieder zurück ans Ufer und spielten. Ai-weh-deh war zutiefst erschüttert. Sie fiel noch einmal nieder in den Sand und betete aus heißer Inbrunst heraus:

»O mein Gott, ich bin am Ende. Ich bin nichts. Du bist alles, Herr. Du ganz allein! Hilf uns, und laß uns nicht verderben! Rette uns! Offenbare Dich um Deines Namens willen!«

Sie wußte nicht, wie lange sie so gelegen hatte. Plötzlich zupfte sie einer der kleineren Jungen am Rock und rief:

»Steh auf, Ai-weh-deh, da ist ein großer Mann, der will dich sprechen!«

An allen Gliedern zitternd erhob sie sich.

Ein chinesischer Offizier stand vor ihr. Sie hatte ihn vorher nie gesehen. Er sah sie an und fragte:

»Sind Sie mit diesen Kindern hierher gekommen?«

»Ja.«

»Wieviele sind es?«

»Hundert.«

»Was tun Sie hier?«

»Wir warten, um übergesetzt zu werden.«

»Nun, warum lassen Sie sich denn nicht übersetzen?«

»Es ist ja kein Boot da!«

»Kein Boot? Kein Boot? Wer sind Sie denn?«

»Ai-weh-deh von der Missionshalle.«

»Und wie kommen Sie hierher, und was suchen Sie noch? Wissen Sie denn nicht, daß wir jeden Augenblick die japanische Infanterie erwarten? Wissen Sie nicht, daß die japanische Luftflotte schon die ganze Zeit über das Gelände planmäßig absucht? Wenn sie die Kinder entdeckt, wird sie wahrscheinlich ihre Maschinengewehre auf sie richten. Wem gehören diese Kinder? Um alles in der Welt, was tun Sie noch hier?«

Der Mann sprach in loderndem Zorn zu Ai-weh-deh. Aber das machte ihr nichts aus. Sie war überzeugt davon, daß er irgendwie in Zusammenhang stand mit dem Gebet der Sualan. Sie konnte ihre Augen nicht zwingen, die Freude, die in ihr aufwallte, zu verbergen.

»Wir sind Flüchtlinge und auf dem Weg nach Sian.«

»Flüchtlinge? Aber warum sind Sie nicht schon längst drüben?«

»Ich sagte es Ihnen schon, weil wir kein Boot bekommen konnten!«

»Sie glauben doch wohl nicht, daß wir Sie den Japanern überlassen. Warten Sie, ich werde Ihnen ein Boot beschaffen!«

Er gab einen langgezogenen leisen Laut von sich, ähnlich dem Ruf eines Seevogels, und schwenkte die Arme.

»Das Boot wird sofort kommen, auf der anderen Seite des Flusses ist ein Dorf, dort werden Sie Nahrung bekommen.«

»Ich danke Ihnen! Oh, wie ich Ihnen danke!«

»Betreuen Sie die Kinder alle?«

»Ja.«

»Sie sind Ausländerin, nicht wahr?«

»Ja.«

»Sie haben sich eine sonderbare Beschäftigung ausgesucht. Leben Sie wohl und viel Glück, Ausländerin!«

Der Offizier hatte kaum zu Ende gesprochen, da setzte sich drüben am anderen Ufer ein Boot in Bewegung.

Auch die Kinder hatten es wahrgenommen. Sie standen am Ufer und beobachteten jede Bewegung des Bootes. »Kommt es hierhin? Wohin fährt es, Ai-weh-deh?«

»Es holt uns.« Dabei schaute Ai-weh-deh mit dankbarem und liebevollem Blick auf Sualan. Das Kind strahlte in reinster Freude zurück. So, als hätte sie, wenn sich schon der Fluß nicht teilte, zumindest das Boot unbedingt erwartet.

Ein paar kräftige Männer nahmen den ersten Schub der Kinder in Empfang.

Sie waren hier am Strom einiges gewöhnt. Sie hatten in den letzten Wochen seltsame Frachten hinübergerudert. Aber so viele Kinder! Wem mögen sie gehören!

Immer wieder kehrte das Boot zurück. Bis sie alle sicher am anderen Ufer geborgen waren. In das letzte stieg Ai-weh-deh mit dem Rest der Kinder.

In dem Dorf, das nahe an der Anlegestelle lag, war es inzwischen lebendig geworden. Die Bewohner liefen zusammen und nahmen die Kinder in ihre Häuser mit. Truppweise, wie sie gerade zusammenstanden.

Sie wurden gefüttert, bis sie nicht mehr essen konnten, und dann mußten sie erzählen.

»Wo kommt ihr denn her?« wurden sie gefragt, und da gaben einige der größeren Kinder eigenartige Antworten. »Von Yang Chen weit hinter den Bergen«, berichteten sie und erzählten Einzelheiten von ihrer Reise. Von den Kleinen, die sich erst herumgetummelt hatten und dann so schnell müde wurden. »Sie konnten schon nicht mehr laufen, bevor der eigentliche Tagesmarsch begann, und dann mußten sie getragen werden. Wir Großen mußten dann helfen. Wir trugen die Kleineren.«

»Ai-weh-deh hatte immer ein oder zwei Kranke auf dem Arm. Das war eine lange Wanderung. Unsere

Füße taten weh, und wir hatten gar nicht alle mehr Schuhe. Manche Füße waren ganz blutig gelaufen. Und nachts war es furchtbar kalt. Aber wir haben auch manchmal in einem Tempel geschlafen, und einmal sogar in einem Lazarett. Und dann fragten wir immer Ai-weh-deh, über wieviel Berge wir noch wandern müßten, um zum Fluß zu kommen. Und wieviel Nächte das noch dauerte. Endlich kamen wir an den Strom, auf den wir uns alle schon so lange gefreut hatten. Ai-weh-deh hatte nämlich gesagt, wir bekämen hier ganz viel zu essen und wir würden schwimmen und paddeln und ausruhen. Aber alles war leer und ausgestorben. Wir warteten auf ein Boot, das uns herüberbringen sollte, aber keins kam. Bis es auf einmal so war wie damals, als Mose die Kinder Israel durch das Rote Meer führte und alle mit Gottes Hilfe gut hinüberbrachte. Wir beteten mit Ai-weh-deh, und da erhörte uns Gott und schickte uns einen Mann, der uns eure Boote herübergerufen hat. So hat uns Gott geholfen.«

Da mußten sie die Geschichte von Mose und den Kindern Israel noch einmal genauer erzählen und von dem Gott, der das unterdrückte Volk Israel nicht vergessen hatte, sondern ihm half.

Wenn die Kleinen zu Bett gebracht wurden, dann halfen die großen Kinder. Und da Ai-weh-deh nicht in so viele Häuser gehen konnte, mußten sie ersatzweise Geschichten erzählen. Diese Geschichten blieben in dem Dorf, als die Kinder schon längst weitergezogen waren.

Mehrere Tage durften sie sich ausruhen. Aber als sie sich alle genügend gestärkt hatten, machten sie sich wieder auf den Weg. Diesmal war Mienchin ihr Ziel. Von dort aus sollte sie die Eisenbahn nach Sian bringen. Es war mehrere Reisetage entfernt.

Was eine Eisenbahn war und wie sie aussah, das wußte keines der Kinder. Aber es mußte gewiß etwas Wunderbares sein, wenn man viele Meilen weit fort kam, ohne wunde und müde Füße zu bekommen.

Als die Lokomotive schnaubend und zischend, pfeifend und stampfend angestöhnt kam, erhob sich zunächst aber ein Schreckensgeschrei. Kein Kind war mehr zu sehen. Unter Karren, auf Tonnen, hinter Toren und Säcken waren ängstliche Rufe zu hören und erst, als die Maschine stand, kroch eins nach dem andern wieder hervor.

Gladys hatte zu tun, um sie zu beruhigen, und erst nach einer Weile konnte man sie bewegen, in den Zug zu klettern.

Doch in Shanchow hielt der Zug.

»Alles aussteigen! Der Zug fährt nicht weiter!« rief ein Beamter.

»Wieso aussteigen?« verwunderte sich Gladys, die froh war, ihre Rangen alle untergebracht zu haben und schnell mit ihnen ans Ziel zu gelangen. »Die Schienen gehen doch weiter, ich sehe es doch!«

»Hören Sie, gute Frau, die Schienen gehen schon weiter, aber sie gehen am Fluß entlang, und am anderen Ufer sitzt der Japse. Wo der Fluß nun schmal ist, schießen sie herüber. Das hätten Sie doch wohl auch nicht so sehr gerne! Und darum können wir nicht weiterfahren. Verstanden?«

»Ach so! Ja, aber was sollen wir denn tun?«

»Sie müssen von hier aus zu Fuß gehen. Sehen Sie jene Berge dort? Über die müssen Sie weg. Auf der anderen Seite der Berge fährt dann wieder eine Eisenbahn.«

Gladys verstand inzwischen einiges von Bergen. Sie sah sich diese Berge an.

»Aber die sind doch einige tausend Fuß hoch, guter Mann, und wir haben ganz kleine Kinder bei uns, wie soll ich mit denen da rüberkommen?«

Der Beamte zuckte die Schultern.

»Wie soll ich das wissen? Ich habe mich um andere Dinge zu kümmern, und außerdem bin ich für diese Rangen nicht verantwortlich. Wenden Sie sich an den Stationsvorsteher!«

Damit war er Gladys los und konnte sich seiner Arbeit zuwenden.

Da ging Gladys hinüber und bat den Stationsvorsteher:

»Bitte, Herr, können Sie mir nicht helfen? Ich habe hundert Kinder bei mir; zwanzig Tage schon bin ich mit ihnen unterwegs. Über diese Berge dort komme ich nicht mehr mit ihnen. Das halten sie nicht mehr aus.«

»Ich bedaure, wir können nichts tun. Der Zug fährt nicht weiter, Sie müssen ihn schon verlassen. Dort drüben ist eine Hütte, in der sie übernachten können. Auch zu essen werden Sie dort erhalten.«

Damit wandte sich der Beamte ab.

»O bitte, gehen Sie nicht!« klammerte sich Gladys an ihn fest. »Irgendwie müssen Sie etwas für uns tun! Bitte, Herr, bitte!«

»Frau«, versuchte er Gladys abzuschütteln, »es gibt viele Millionen Flüchtlinge in ganz China!«

»Aber diese hier sind Kinder!« beharrte Gladys.

»Es gibt gar keinen anderen Weg, Frau; wenn Sie weiterwollen, müssen Sie schon über die Berge. Glauben Sie mir das doch! Ich werde Ihnen zwei Soldaten mitgeben, die müssen Ihnen folgen. Es ist nur noch eine Paßstraße offen, auf der einen Seite sind unsere

Truppen, auf der anderen die Japaner. Aber in Begleitung der Soldaten kann es Ihnen vielleicht gelingen, daß Sie durchkommen.«

»Vielleicht, sagen Sie! Und wieviel Zeit wird das Experiment in Anspruch nehmen?«

»Wenn Sie morgen früh aufbrechen, können Sie in zwei Tagen in Tongkuan sein.«

Gladys sah hinauf zu den Bergen. Ihre Gipfel waren in Wolken gehüllt. Eine schmale Maultierspur wand sich höher und höher, bis auch sie in den Wolken verschwunden war.

Gladys seufzte. Wenn sie dahinauf schaute, entschwand ihr aller Mut. Ob die Kinder überhaupt zu bewegen waren, diesen Marsch anzutreten?

Sie sagte dann zu dem Beamten: »Dann bleibt uns wohl nichts anderes übrig, als uns in dieses neue Abenteuer hineinzustürzen! Vielen Dank für Ihre Bemühungen und alle Unterstützung! Wir werden morgen früh beizeiten aufbrechen«.

Vor Gladys stand der schwerste Weg, den sie während dieses ganzen Unternehmens gegangen war. Der schmale Pfad führte steil bergan und war zum Teil verschüttet. Die Steine rutschten unter den Kindern weg, und oftmals rutschten die Kinder nach und kullerten den steilen Abhang wieder hinunter, den sie soeben mühsam hinaufgeklettert waren. Stellenweise hatte Gladys sechs Kinder an sich hängen, die sich nicht weiter getrauten. Eins unter jedem Arm, eins am Hals, drei hingen ihr am Rock. Es war eine gefährliche Strecke und immer wieder mußte sie ihr Herz in die Hand nehmen, wenn sie sah, an welchen steilen Abhängen die Kinder vorübergehen mußten.

Drei lange Tage und drei Nächte waren sie unterwegs. Es war diesmal mit den Nahrungsmitteln besser, denn die Soldaten sorgten für die Kinder. Aber ihre kleinen Körper waren zerschunden, als sie nach drei Tagen die Stadt erreichten und am Bahnhof standen. Gladys hatte immer neue Wunden zu verbinden und immer neue Schmerzen mit freundlichen Worten und mit der Aussicht auf ein langes Ausruhen zu lindern.

Doch auch auf dieser Station wartete nur eine Enttäuschung auf sie.

»Was wollen Sie, mit dem Zug fahren?« Die Beamten schüttelten den Kopf. »Tut uns leid, es fahren keine Züge mehr von hier aus, es ist zu gefährlich!«

»Was sollen wir bloß machen? Wir sind von Shanchow aus über die Berge gekommen, und vorher waren wir auch schon zwölf Tage auf beschwerlichste Art und Weise unterwegs. Sie können sich nicht vorstellen, was diese Kinder mitgemacht haben. Und wir müssen unbedingt in unbesetztes Gebiet. Wir wollen zu Madame Chiangs Waisenhäusern. Können Sie nichts für uns tun?«

Eine kleine Pause entstand. Gladys hatte den Eindruck, daß die Beamten wirklich helfen wollten, denn einer von ihnen sagte: »Wenn es so ist, gut! Hören Sie zu, und sagen Sie niemand davon weiter. Voraussetzung zu allem aber ist, daß Sie meinen Anordnungen blindlings folgen. Wollen Sie das tun?«

»Wenn ich damit den hundert Kindern helfen kann, ja!«

»Geben Sie acht: Jeden Morgen vor Sonnenaufgang geht noch ein Kohlenzug nach Hua San. Dort, wo der Fluß nur schmal ist, wird er zuweilen von den Japanern beschossen, aber manchmal auch nicht. Wenn Sie auf eigenes Risiko fahren wollen . . .?«

»Ja, natürlich, was bleibt mir denn anderes übrig?« Gladys hatte schon ganz andere Dinge auf eigenes

Risiko übernommen, und in diesem Fall sah sie keinen anderen Weg.

»Wenn die Japaner aber Stimmen hören oder Menschen sehen, schießen sie ganz bestimmt. Können Sie dafür sorgen, daß sich Ihre Kinder ganz ruhig verhalten?«

Gladys sah auf ihren zappelnden Haufen, sie sah aber auch die großen Kinder und wußte, daß sie sich auf sie verlassen konnte.

»Ja, ja, ich werde ihnen das schon klarmachen. Sie werden ganz ruhig sein!«

»Dann also morgen vor Sonnenaufgang. Die Kohlenwagen werden hier halten. Steigen Sie dann ein und halten Sie die Köpfe unten. Und nun viel Glück!«

Die Nacht brachten sie in den Feldern zu.

Am nächsten Morgen, als es noch ganz dunkel war, rief Ai-weh-deh- die ältesten Jungen und Mädchen zu sich und schärfte ihnen noch einmal ein, sich auf der bevorstehenden Fahrt ganz ruhig zu verhalten und vor allem auch dafür zu sorgen, daß die Kleineren stille seien.

»Hört zu, ihr seid zwölf, dreizehn und vierzehn Jahre alt, also schon groß und vernünftig, ihr müßt euch der Kleinen annehmen. Das habt ihr bisher ja schon immer getan. Ihr habt euch bisher tadellos benommen, und jetzt muß ich mich ganz fest darauf verlassen.« Sie schaute dabei die Kinder an und freute sich über den guten Willen, den sie bei ihnen fand. Sie fuhr fort: »Diesmal müßt ihr darauf achten, daß sie alle ganz ruhig sind. Denn davon hängt unser Leben ab. Der Bahnhofsvorsteher läßt uns nur mitfahren, weil ich ihm das versprochen habe, und dieses Versprechen müssen wir unbedingt halten. Und ihr müßt mir dabei helfen. Am besten ist es wohl, wir lassen die

Kleinen schlafen während der ganzen Fahrt. Und das wird wahrscheinlich gar nicht schwierig sein, denn sie sind alle noch sehr müde.«

»Wenn sie aber doch wach werden? Wenn sie gar schreien?« fragte einer der Jungen.

»Macht euch keine Sorge, ihr selbst seid ja auch alle noch müde, wie werden es da erst die Kleinen sein! Sie werden bestimmt schlafen, und wenn sie erwachen, sind wir außer Gefahr. Sollte aber doch mal eines unruhig werden, dann tröstet es und erzählt ihm eine Geschichte. Ihr wißt ja, daß sie dann immer ganz still sind und aufpassen. Daß nur ja kein Lärm entsteht!«

»Ja, Ai-weh-deh, du kannst dich auf uns verlassen.«

»So, und jetzt schlaft alle noch ein wenig, bis der Zug kommt. Ich werde euch dann wecken.«

»Schläfst du denn nicht, Ai-weh-deh?«

»Nein, ich ruhe nur und gebe acht, wenn die Wagen kommen.«

Sualan schaute auf Ai-weh-deh.

»Du bist krank, Ai-weh-deh. Du solltest schlafen und uns aufpassen lassen. Schon seit einigen Tagen bist du krank. Können wir nicht etwas für dich tun?«

Ai-weh-deh lächelte und sah in die großen, dunklen Kinderaugen, die in so liebevoller Sorge auf ihr ruhten.

»Es ist schon gut, ich fühle mich ganz wohl. Und bald sind wir ja am Ziel!«

Aber die Kinder ließen noch keine Ruhe.

»Den ganzen Tag trägst du eins von den Kleinen, manchmal auch zwei. Du arbeitest für uns und sorgst, daß wir etwas zu essen haben, aber für dich selbst bleibt kaum etwas übrig, weil wir alle immer solchen Hunger haben. Du solltest wirklich jetzt schlafen, Ai-weh-deh, sonst wirst du uns ganz ernstlich krank.«

Sie strich Sualan über den schwarzen Scheitel.

n des Herrn Magd, Sualan, er wird mich be-
. Er wird auch weiterhin mit mir sein, wie er
r mit mir und mit uns allen so treu gewesen
ubst du das? Wenn wir den Zug verlassen, sind
ur noch wenige Tage bis Sian, und dann haben
Ruhe, und dort werde ich auch Ruhe haben.«
i-weh-deh lächelte den Kindern aufmunternd zu,
r sie waren noch nicht beruhigt. Jetzt begann einer
r großen Jungen wieder:

»Nur noch einige Tage!« sagte er vorwurfsvoll.
Was können die aber noch bringen! Du mußt jetzt
wirklich schlafen, Ai-weh-deh, ich werde wachen!«

»Ich auch!« und »Ich auch! Ich auch!« riefen die
Jungen.

Wie glücklich war Ai-weh-deh, obwohl sie fühlte,
daß es tatsächlich mit ihren Kräften zu Ende ging. Sie
hatte ein böses Stechen in der Seite bemerkt, und unterwegs hatte sie immer Angst, daß der Schwindel, der
sie seit einigen Tagen schon plagte, ihr einmal einen
Streich spielen könnte. Wenn sie daran dachte, begann
ihr Herz jetzt noch zu klopfen.

Ihre Augenlider waren schwer. So sagte sie einfach:
»Gut, ich werde es versuchen. Ja, ich will ein wenig
schlafen. Seid ihr nun zufrieden?«

Die Kinder nickten glücklich.

So schlief Ai-weh-deh, bis der Zug kam und sie alle
auf die Waggons klettern mußten. Die Kleinen schliefen
weiter, sie hatten sie in langer Kette herüber gereicht
und auf den Wagen verstaut. Sie schliefen auch auf
der ganzen Strecke, entlang den nahegelegenen japanischen Stellungen. Und es wurde nicht geschossen.
Erst am hellen Tag erwachten sie und schrien vor Vergnügen, als sie sahen, daß sie über und über mit Koh-
lenstaub bedeckt waren. Dann rollten sie die Augen

und steckten sich ihre roten Zungen heraus und konnten nicht aufhören zu lachen.

»Oh, guck mal, du bist über Nacht ganz schwarz geworden!«

»Du auch! Du auch! Ätsch!«

»Und Ai-weh-deh auch! Du auch!«

Und wieder lachten sie alle miteinander.

Dann folgte das letzte Stück Wegs zu Fuß.

Ach, Ai-weh-deh war es leid. Sie war so müde. Sie schleppte sich die Straßen entlang und hätte keinen einzigen Berg, kaum noch einen anständigen Hügel bewältigen können. Noch drei Tage bis Sian, noch drei Tage lang mußte gebettelt werden bei Soldaten, Dorfbewohnern und Missionsstationen. Ihre Betten fanden sie am Wegrand, aber unterwegs wurden Heilslieder gesungen, Bibelsprüche wurden wieder begonnen und im Chor beendet, und Geschichten erzählt.

So vergingen auch diese Tage letzter Anstrengungen.

Und dann lag es vor ihnen — Sian!

Aber die Stadttore waren verschlossen.

Der Torwart weigerte sich zu öffnen.

»Sie dürfen nicht herein«, sagte er. »Kein Mensch darf herein. Für Flüchtlinge darf ich nicht aufmachen. Der Ort ist schon überfüllt und es fehlt an Lebensmitteln und Wasser und allem anderen. Wenn wir so weitermachen, haben wir in kurzer Zeit eine Seuche in der Stadt. Das wird weder Ihnen noch Ihren Kindern bekommen. Gehen Sie sonstwo hin mit Ihrer Kinderschar!«

»Aber Sie müssen uns hineinlassen. Hier wartet Geld auf uns, das uns versprochen wurde. Auch sind wir schon siebenundzwanzig Tage unterwegs. Sie müssen uns hineinlassen, Sie müssen! Bitte, Herr, haben Sie doch Erbarmen!«

Sie redete schon wie im Fieber. Das war zu viel, das war kaum noch zu überwinden.

Der Wächter blieb unerbittlich. Er hatte strenge Anweisungen.

Sie umwanderten die ganze Stadtmauer, aber jedes Tor war und blieb verschlossen.

Die Stadt war mit Flüchtlingen überfüllt.

Jemand schlug ihr den Buddhistentempel in Fu-Feng vor. »Dort werden Kinder aufgenommen. Ich glaube, es ist eines von Madame Chiangs Waisenhäusern, und es ist nur eine Tagesreise mit der Eisenbahn entfernt.«

Ai-weh-deh schrie zu Gott um Hilfe. Sie nahm ihre letzte Kraft zusammen, tröstete die Kinder, die auch verzweifeln wollten, und ging mit ihnen zum Bahnhof.

Still, mit Tränenspuren auf den schmutzigen Wangen, saßen die Kinder in den Ecken, auf dem Boden, überall wo man nur eben sitzen konnte. Sie rührten sich nicht mehr. Und auch Ai-weh-deh saß und sah vor sich hin und war dankbar, daß die Kinder nichts fragten und so still waren.

Über diese Stille hätte sie sich sonst nie freuen können, denn ihre Ursache war tiefste Mutlosigkeit.

Als sie endlich in Fu-Feng ankamen, wurden sie herzlich begrüßt und empfangen, denn es waren inzwischen Nachrichten in das Heim gedrungen, daß Ai-weh-deh mit einer großen Schar Kinder zu ihnen unterwegs sei. Die Mahlzeiten waren gerichtet, die Betten standen für alle bereit. Sie wurden wirklich erwartet.

Endlich waren sie in Sicherheit! Nun begann ein großes Reinemachen mit viel Gebrüll und Gelächter. Die Kinder waren durch eine kräftige, warme Mahlzeit wieder zu Kräften gekommen und wehrten sich wie sie nur konnten vor dem Waschtrog.

Doch nach kurzer Zeit lagen sie in Betten, wie sie

sie seit dem Übernachten im Lazarett nicht mehr erlebt hatten. Sie brachten es kaum noch zu einem kurzen Dankeschön gegen Gott, der sie nun den weiten Weg bis hierhin geführt hatte, über den Gelben Strom und durch wüstes Gebirge, und schon schliefen sie tief und fest. Und als Ai-weh-deh über sie hinsah, stahl sich eine Träne in ihre Augen.

Am nächsten Morgen versammelte sie die Kinder um sich.

»Nun wollen wir Gott danken für alle Liebe, die er uns erwiesen hat. Hat er uns nicht wunderbar geführt?«

»Ja, mindestens so wunderbar wie die Kinder Israel!« sagte Sualan, und ihre Augen strahlten.

Sie sprachen zusammen den dreiundzwanzigsten Psalm, der allen bekannt war. Die Kinder konnten ihn auswendig.

Die Missionare und ihre Helferinnen im weißen Haus bemühten sich nun um Ai-weh-deh.

»Sie müssen sich gründlich ausruhen und erholen, Ai-weh-deh. Sie sind sehr erschöpft!« drangen sie in sie. Ai-weh-deh schüttelte den Kopf. Sie wollte davon nichts hören.

»Es ist nicht nötig, daß man nach mir sieht. Sorgen Sie vor allem für die Kinder, die sich so tapfer gehalten haben. Für mich sorgt Gott.«

»Ai-weh-deh, Sie sind doch krank. Sie haben eine lange Ausspannung nötig. Wir wollen Sie hier pflegen und betreuen.«

Aber Ai-weh-deh wehrte ab. Sie ließ sich nicht zur Vernunft bringen.

Die Kinder wußte sie nun in guter Hut, und da begann sie nun wieder, in die Dörfer zu gehen. Im Fieberwahn schon. Sie ging, um zu evangelisieren, um

Geschichten zu erzählen, Lieder zu lehren und nach den Kranken zu sehen.

Gleich in der ersten kleinen Ortschaft brach sie zusammen. Niemand kannte sie hier, niemand wußte, wer sie war. Sie sah aus wie eine alte chinesische Frau. Die Dorfbewohner hoben sie auf einen Ochsenkarren und brachten sie in die kleine Missionsstation.

Damit fing unsere Erzählung an.

Gladys Aylward brachte noch sieben Jahre in China zu. Nach ihrer Wiederherstellung half sie an der Universität Cheeloo. Später unterrichtete sie eine Gruppe chinesischer Offiziere, dann war sie wieder eine Zeitlang chinesische Evangelistin.

1948 kehrte sie vorübergehend nach England zurück. Hier reiste sie von Kirche zu Kirche. Sie sprach in Schulen und Missionssälen über ihre Erfahrungen in China und evangelisierte auch hier.

Sie sorgte für chinesische Studenten, die nach England kamen, und beteiligte sich an der Gründung eines chinesischen Wohnheims für Seeleute.

Wer Gladys Aylward in England besuchte, begegnete einer schmalen Frau in chinesischen Kleidern. Sie trug diese Kleider nicht, um die Aufmerksamkeit ihrer Umwelt auf sich zu ziehen. Darum hatte sie sich noch nie bemüht.

Sie trug diese Kleider, um zu zeigen, daß sie, obwohl sie nach Hause kam, doch nur ein Gast war. Denn ihr Zuhause war China und ihre Landsleute waren die Chinesen, deren Kleider sie trug.

So zog sie auch wieder hinaus. Sie ging nach Hongkong und half in den Elendslagern der Flüchtlinge, und nach Formosa, wo sie heute noch lebt.

Wer ihr begegnet, erkennt sie als die Magd ihres Herrn, der sie wunderbarer Erfahrungen gewürdigt hat.